日本防衛論

秋山真之の

同時収録 乃木希典・北一輝の霊言

大川隆法

秋山真之（1868～1918）

乃木希典（1849～1912）

北一輝（1883～1937）

まえがき

近代日本で、日本防衛のため全身全霊を打ち込《こ》んで体当たりしていった軍神《ぐんしん》、あるいは、先人《せんじん》の霊言である。この国の未来の危難に備えるためにも、知識的な防衛がまず先決《せんけつ》だろう。

欧米のエリートは一般に、教養人である条件として軍事知識や戦史を良く知っていることがあげられる。しかし、日本の学歴エリート、エリートビジネスマン、マスコミ人の軍事的教養はおそまつな限りで、ほとんどが、思い込み、ないし、刷《す》り込みのレベルである。

まずは、秋山真之、乃木希典、北一輝の諸霊言をご一読願いたいと思う。

二〇一〇年　十月十五日

幸福実現党創立者兼党名誉総裁《こうふくじつげんとうそうりつしゃけんとうめいよそうさい》　大川隆法《おおかわりゅうほう》

秋山真之の日本防衛論　目次

第2章　今こそ、「救国の精神」を

――乃木希典《のぎまれすけ》の霊言――

二〇一〇年九月十五日　霊示

第3章　革命思想家の「霊告」

——北一輝《きたいっき》の霊言——

二〇一〇年九月十六日　霊示

第1章

名参謀《めいさんぼう》が語る「日本の国防戦略」

――秋山真之《あきやまさねゆき》の霊言《れいげん》――

二〇一〇年九月十五日　霊示

秋山真之《あきやまさねゆき》（一八六八〜一九一八）

明治・大正期の軍人。海軍中将。松山藩《はん》の士族出身で、兄は陸軍大将・秋山好古《よしふる》。海軍兵学校を首席で卒業の後、アメリカに留学して軍事思想家のマハンに師事する。その後、海軍大学校教官となり、日本海軍の兵学の基礎《きそ》を築いた。日露《にちろ》戦争では、連合艦隊参謀として「T字戦法」を考案し、日本海海戦でロシアのバルチック艦隊を破る。「智謀湧《ちぼうわ》くが如《ごと》し」と称《たた》えられた名参謀。

質問者

立木秀学《ついきしゅうがく》（幸福実現党党首）

綾織次郎《あやおりじろう》（「ザ・リバティ」編集長）

［役職は収録時点のもの］

1 「中国漁船衝突《しょうとつ》事件」についての見解

大川隆法　前回、『保守の正義とは何か』（幸福の科学出版刊）を収録したときに、東郷平八郎《とうごうへいはちろう》まで出して、その次に予定していた秋山真之《あきやまさねゆき》は呼ばなかったため、「少し悪いかな」という気持ちがありました。

今、中国の漁船問題などが起き、海の境界線の辺りでいろいろと揉《も》めているため、国防関係の話を少し追加して、引き続き訊《き》いてみてもよいかと思います。

秋山真之は海軍について、乃木希典《のぎまれすけ》は陸軍についてですが、あるいは、全然違《ちが》う見解を持っていて、何か別なことをおっしゃるかもしれません。

秋山真之は名参謀《めいさんぼう》であり、作戦立案をするだけでなく、もっと早い段階でいろいろなことを考える方でしょう。

万一、さまざまな予言者が言っているように、日本が戦争に巻き込《こ》まれたり、植民地化されたりするようなことがあるのであれば、こういう人が「策を立てるべき人」であろうと思います。

乃木希典も、今、どのような状況《じょうきょう》なのか、ちょっと分からないのですが、「霊言《れいげん》」というかたちでは、両者とも初めてかと思います。その意味で、質問者の腕《うで》次第ではありますので、ひとつ、頑張《がんば》ってください。

「晩年の秋山真之は、霊言ができたり、霊視ができたりして、新興宗教の教祖のようになった」という話もあるため、今、どのようになっているかは分かりません。

ただ、この人なくして、日露《にちろ》戦争の勝利もなかったと思われます。

今、戦争の危機が近づいているのかどうか、秋山真之、乃木希典をお呼びして訊いてみたいと思います。

それでは、秋山真之のほうから呼んでみます。

（約四十秒間の沈黙《ちんもく》）

日露戦争で活躍《かつやく》されました、参謀・秋山真之の霊よ。

どうか、幸福の科学総合本部に降りたまいて、われらに、この国のあるべき姿、この国の国防のあるべき姿、あるいは、未来戦略、外交戦略等をご教示賜《たまわ》れば、幸いに存じます。

日露戦争、バルチック艦隊《かんたい》との戦いにおいて、英雄的行為《えいゆうてきこうい》をなされました、名参謀・秋山真之氏の霊を招霊《しょうれい》いたします。

（約一分間の沈黙）

秋山真之　（一回、咳《せき》をする）秋山です。

立木　秋山先生、おはようございます。

秋山真之　うん。

立木　私は、幸福実現党党首の立木秀学《ついきしゅうがく》でございます。

秋山真之　うん、うん。

立木　本日は、幸福の科学総合本部にお越《こ》しくださいまして、まことにありがとうございます。

日露戦争の英雄であられる、秋山先生とお話ができますことを、心より光栄に感じております。

秋山真之　うん。

立木　早速ではございますが、質問させていただきます。

まず、身近な話題からではありますけれども、先日、「尖閣諸島沖《せんかくしょとうおき》で、中国の漁船が海上保安庁の巡視船《じゅんしせん》に衝突《しょうとつ》する」という事件がありました。

秋山真之　うん、うん。

立木　それに伴《ともな》って、中国との間でいろいろと外交上の問題が起こっております。

秋山先生は、これに関して、どのようにご覧になっていらっしゃるのでしょうか。

特に、中国側の意図などを、どのように見ておられるのか、お教えいただければ幸いです。

沖縄《おきなわ》の米軍基地の撤去《てっきょ》は、中国が制海権を握《にぎ》るための第一手

秋山真之　もちろん、中国が「アジアの海を制覇《せいは》しようと思っている」ということ、および、「アフリカ沖まで制海権を握《にぎ》ろうとしている」ということは、さまざまな情報にも出てきておりますように事実だろうと思いますね。

少なくとも、共産党の本部がそのように考えていることは、ほぼ間違いがないでしょう。そのための第一手が、やはり、沖縄《おきなわ》からの米軍基地の撤去《てっきょ》であり、第二手が、日本全土からの米軍基地の撤去でありましょうね。

沖縄の基地で揉めさせて、中国寄りにグッと引き付けようとしているけれども、「国論、いまだ定まり切らず」という状況ですね。

沖縄県民が、「米軍、出て行け」と言っているのを奇貨《きか》として、「沖縄は中国固有の領土」などということも言い始めているわけです。沖縄が中国固有の領土なら、尖閣諸島などは、もとより中国の領土ということになるでしょう。ま、日本の国は

口で言われても、反論ができない国ですからね。

そういうことを、中国はまず考えてはいるでしょうね。

「民意」に頼《たよ》るのは、政治家として卑怯《ひきょう》な態度

現政権が沖縄問題をどういうかたちで決着をつけるか。

それについて、「知事選等が終わってからにする」などと、いろいろなことを言っておるようですが、あまり、「民意、民意」と言って、民意を尊重すると、国益を失う可能性もあると思われます。

とにかく中国は、「沖縄からアメリカの海兵隊がいなくなったら、尖閣諸島であろうと、台湾《たいわん》であろうと取れる」ということを考えていると思いますね。

ただ、沖縄本島まで取るとなったら、海兵隊の撤去だけでは十分ではなくて、在日米軍の撤去まで必要かもしれません。

「日本から撤去させた米軍が、日本救出のために戦う」というのは、論理的にあ

りえないことですよ。だから、いったん撤去したら、ほかの者に取られても助けには来てくれないと思うんですね。

沖縄県民の意識がどこまであるのか。米軍撤去は、「日本独自で防衛を強めてもよい」という意味なのか。それとも、「日本は何《なん》にもしないで、そのまま非武装中立風に行こう」と考えているのか。このへんが定かではありません。

ただ、こういうことを民意に頼《たよ》るのは、政治家として極《きわ》めて卑怯《ひきょう》な態度であると、私は考えますね。こういうことを投票による多数決で決めなければならないのであれば、政治家は辞《や》めたほうがよいと思います。やはり、政治家は一身にてすべての責任を負わなければならないと思いますね。

国際世論《せろん》、あるいは、地政学的な観点からの防衛を考えるには、やはり、専門的な知識と高度な見識が必要ですから、市民の多数の意見だけでは決められません。

例えば、「普天間《ふてんま》基地の上空にジェット機が飛来して、騒音《そうおん》で住みにくい」など、そういう理由によって決めてよいような内容でないことは明らかですよね。

中国は、日本に対するリベンジ（報復）を構想している

民主党の代表選の結果、菅《かん》氏が次の総理ということで、続投が決まったようですけれども、やはり、基本的には、あなたがたが言っている国難は続いていると見なければなりませんね。

まあ、中国は自分のところの国民が、一割や二割、飢《う》え死にしたって構わないんですよ。一割や二割、飢え死にしても、中央政府が立てている戦略・戦術が達成できるほうが喜ばしいわけなんですね。

だから、「赫々《かくかく》たる成果をあげた」ということをやりたいし、その構想の基本はリベンジでしょうね。報復です。

中国は日清《にっしん》戦争に敗れたし、第二次大戦前、満州事変以降の日支《にっし》事変で中国内陸部まで日本の侵攻《しんこう》を受けました。日本の敗戦により、独立は回復したものの、「戦争に勝って独立したわけではない」というところが、民族としてのトラウマという

のかな？　深い心の傷になっているのです。

それを治すために、「一度でよいから、日本をこてんぱんにやっつけたい」という気持ちを持っているんですよ。

だから、日本に対しては、まあ、少なくともそうだね、尖閣諸島などは、まだ〝ジャブ〟でしょうけれども、沖縄ぐらいを〝奪回《だっかい》〟したら、国民はスーッとして、共産党政府に対する不平不満やいろいろなものが、しばらくはサッと消えるでしょうね。そういうカタルシス（浄化《じょうか》）というかな？　そういうものを考えているでしょうね。

要するに、国内問題を解決できないので、外敵のほうに目を向けさせるわけです。あるいは、「外で戦果を挙げた」と言って、国民を納得させようとします。そういうことは、日本もかつてやったことなのかもしれませんけどね。

菅《かん》政権が続くかぎり、三年以内に大きな軍事的トラブルが起きる

そうした中国の狙《ねら》いは、今の民主党政権下でのみ実現の可能性が高いことであるのです。したがって、「菅《かん》政権が続くと決まった」ということで、これが、基本的にあと三年は続くと考えれば、「海上での領有権を巡《めぐ》っての争いは、この三年以内に起きる」と判断して間違いないですね。

だから、尖閣諸島でのことは、もちろん様子見でしょう。これは、単なる様子見であり、今、中国は国内の反応、日本政府の反応、米軍の反応等を見ていると思います。

総理大臣は自衛隊の最高指揮官ですからね。この人に自衛隊を使う気がなければ、自衛隊は動きません。

また、次の沖縄の普天間問題で、日米関係がどこまでこじれるか。今、中国は非常に注目して見ているでしょうね。こじれればこじれるほど、中国にとってはよいことだろうし、おそらく、すでに、そのための工作は始まっているはずですね。絶対、やっているはずです。

もうすでに、中国の活動家が沖縄にそうとう入り込んでいると見てよいと思います。沖縄の世論《よろん》を「反米」「反米軍基地」にし、それから、政府を「親中」「非武装維持《いじ》」のほうへもっていくために、今、工作員等が一生懸命《いっしょうけんめい》動いているはずですね。チャイナ・ロビーは、もちろん、永田町近辺でも動いていますけれども、沖縄でもそうとう動いていると思います。

だから、この三年以内に、何らかの大きな軍事的トラブルは起こるであろうと思われるし、向こうの立場に立てば、「起こすべきだ」と思うでしょうね。ここで、何にもできないようなら、その先はありませんから、起こすであろうと推定されます。

中国の武装船に海上保安庁の船が沈《しず》められる可能性も

先ほど、大川総裁の話もあったようですが、もし漁船と思っていたものが、海賊《かいぞく》船《せん》のごとき武装船であった場合、海上保安庁では、おそらく無理でしょうね。

そういうことはわりに多いのです。外側を変えた武装船であって、突如《とつじょ》、大砲《たいほう》や

料金受取人払郵便

荏原支店承認

1279

差出有効期間
平成25年11月
30日まで
(切手不要)

142-8790

4 5 6

東京都品川区
戸越1丁目6番7号

幸福の科学出版(株)
愛読者アンケート係 行

ご購読ありがとうございました。
お手数ですが、今回ご購読いただいた書籍名をご記入ください。

書籍名

フリガナ お名前	男・女	歳
ご住所 〒 都道府県		
お電話 ( ) —		
e-mail アドレス		
ご職業 ①会社員 ②会社役員 ③経営者 ④公務員 ⑤教員・研究者 ⑥自営業 ⑦主婦 ⑧学生 ⑨パート・アルバイト ⑩他 ( )		

ご記入いただきました個人情報については、同意なく他の目的で使用することはございません。ご協力ありがとうございました。

愛読者プレゼント☆アンケート

ご購読ありがとうございました。今後の参考とさせていただきますので、下記の質問にお答えください。抽選で幸福の科学出版の書籍・雑誌をプレゼント致します。(発表は発送をもってかえさせていただきます)

1 本書をどのようにお知りになりましたか。

①新聞広告を見て［朝日・読売・毎日・日経・産経・東京・中日・その他（　　　　　）］
②その他の広告を見て（　　　　　　　　　　　　　　　）
③書店で見て　④人に勧められて　⑤月刊「ザ・リバティ」を見て
⑥月刊「アー・ユー・ハッピー？」を見て　⑦幸福の科学の小冊子を見て
⑧ラジオ番組「天使のモーニングコール」「元気出せ！ ニッポン」を聴いて
⑨BSTV番組「未来ビジョン」を視て
⑩幸福の科学出版のホームページを見て　⑪その他（　　　　　　　　）

2 本書をお求めの理由は何ですか。

①書名にひかれて　②表紙デザインが気に入った　③内容に興味を持った
④幸福の科学の書籍に興味がある　★お持ちの冊数＿＿＿＿＿冊

3 本書をどちらで購入されましたか。

①書店（書店名　　　　　　　　）②インターネット（サイト名　　　　　　　　）
③その他（　　　　　　　　）

4 本書へのご意見・ご感想、また今後読みたいテーマを教えてください。

(なお、ご感想を匿名にて広告等に掲載させていただくことがございます)

5 今後、弊社発行のメールマガジンをお送りしてもよろしいですか。

はい（e-mailアドレス　　　　　　　　　　）・いいえ

6 今後、読者モニターとして、お電話等でご意見をお伺いしてもよろしいですか。(謝礼として、図書カード等をお送り致します)

はい・いいえ

弊社より新刊情報、DMを送らせていただきます。
新刊情報、DMを希望されない方は下記にチェックをお願いします。

DMを希望しない □

機《き》関銃《かんじゅう》、あるいは、魚雷《ぎょらい》等を撃《う》ってくるわけです。北朝鮮などでは、よくそうなっています。

北朝鮮のときと同じような状態になった場合、海上保安庁の船は沈《しず》められることになりましょう。それで、中国は日本政府が何にも手が打てない状況を見てみたいのでしょうね。

向こうは、言い訳として、「中国領海内であったにもかかわらず、日本の艦船が近づいてきて、無理に撤去させようと、攻撃を仕掛《しか》けてきた」という内部報道をすると思われます。国民には、おそらく、そういう大本営《だいほんえい》発表型のことを言うでありましょう。

対日の悪感情を煽《あお》り、国民の目をさまざまな国内的な弊害《へいがい》から、そちらのほうに向けさせる戦略を取ろうとするであろうと思われますね。

さらには、日本企業《きぎょう》が中国にそうとう進出しておりますので、それに対する非常に執拗《しつよう》な締《し》め上げを行うと思われます。課税や差し押《お》さえ、没収《ぼっしゅう》、預金の封鎖《ふうさ》など、いろいろな方法がございますので、こちらが報復した場合は、強硬措置《きょうこうそち》を必ず講じてきて、揺《ゆ》さぶりをかけますね。

まだ、このあたりでは、米軍との戦争にはなりません。少なくとも、日米安保条約の内容から見るかぎり、アメリカが中国との戦争にすぐ踏み切るようなことはなく、日本の自衛の範囲内《はんいない》の問題と解釈《かいしゃく》されると思うのです。

だから、「菅氏が選ばれた」ということは、まあ、どちらでも同じだったかもしれないけれども、中国にとっては、「このチャンスを逃《のが》してはならない」というように見えるでしょうね。

情報発信によって「世論《せろん》づくり」を先行させよ

立木　ありがとうございます。「今後、三年間がいわば正念場である」ということで、心を引き締めて取り組んでまいりたいと思います。

私ども幸福実現党といたしましては、当然、その間、いろいろな発信をして、そういう世論《せろん》に対する……。

秋山真之　情報発信がとにかく大事です。「世論づくり」がまず先行しなければなりません。特に沖縄等でも、言論・出版等が非常に大事なことですし、さまざまな宣伝活動もやらなければいけませんね。

沖縄には、チャイナ・ロビーがそうとう入っていますので、今は、もう、北朝鮮とほとんど同じです。

外国からの侵略を喜ぶ国なんて、世界中、どこにもありませんよ。そして、国を護《まも》らないような政治家を選ぶ国民というのは、これは、もう、〝自殺する国民〟ですので、どうしようもないでしょうね。

立木　そうしたことをしっかり訴《うった》えていきながら、次の選挙に向けて、準備をしてまいりたいと思います。

2　中国の軍事力に、どう対抗《たいこう》するか

核《かく》兵器抜《ぬ》きであれば、日本は中国に勝てる

立木　秋山先生は、ご生前、「国力が十倍のロシアのバルチック艦隊《かんたい》に対し、日本海海戦において、大勝利を収める」という、大いなる功績を遺《のこ》されました。

そうした観点からご覧になられて、今後の私たちの戦い方、あるいは、それに求められる考え方をご教示いただければありがたく思います。

秋山真之　私は、どちらかと言えば、軍事のほうが専門であるので、政治のほうに深入りはできないけれども、まず、軍人としての観点、参謀《さんぼう》としての観点から述べます。

中国は核兵器《かく》を持っておりますが、米軍が「核兵器を用いてでも、日本を護《まも》る」という立場を堅持《けんじ》しているのであれば、もちろん抑止力《よくしりょく》になります。「核兵器を使えない」ということであれば、核抜《ぬ》きの話になりますから、通常戦争のレベルですね。通常の地域戦争のレベルということになります。

通常戦争のレベルでの戦力比ということであれば、まっとうに自衛隊が島嶼戦《とうしょせん》をするとどうなるか。沖縄《おきなわ》の離島《りとう》や沖縄本島、あるいは、尖閣《せんかく》諸島、対馬《つしま》、その他、どこでもよろしいですけれども、海上自衛隊を中心に、航空自衛隊、陸上自衛隊も合わせた三軍を動員して、中国軍と島嶼戦をした場合は、現時点の戦力比で見るかぎり、日本が勝ちます。これは勝ちます。

というのは、日本の戦力というか、武器性能が中国よりも優《すぐ》れているからです。訓練も行き届いていますので、戦争において核が使われないかぎり、日本が勝ちます。「核兵器が使えない」という条件下であれば日本が勝ちます。必ず勝ちます。

非常に抑制的《よくせいてき》な動きしかできない自衛隊

ただ、自衛隊は文民統制下にありますので、とにかく、政府および総理の問題ですね。やはり、「総理の指揮がどうであるか」ということは大きいのです。この政治の中枢部《ちゅうすうぶ》の判断が、「島ぐらい取られても構わない」とか、「中国との友好を大事にしよう」とか、「アメリカとの仲が悪くなってもいい」とかいうような、戦えない状況《じょうきょう》だったとします。

要するに、上からの「ゴー」が出ない状況下であれば、自衛隊が独自で判断し、あるいは、防衛省が独自に判断して動ける、一定の限界があると思うんですね。

小さな問題としては、例えば、「漁船に偽装《ぎそう》していた中国の軍艦・軍船が、突如《とつじょ》、砲火《ほうか》を浴びせて、海上保安庁の艦船を二隻《せき》ほど沈《しず》めてしまい、海上自衛隊が急行する」というような状況が起きたとします。

国際世論から見て、「シチュエーション的に中国に非がある」と思われる場合でしたら、海上自衛隊は、ある程度、独自の判断で敵に向けて弾《たま》を撃《う》ち込み、撃退《げきたい》するところぐらいまではできると思うのです。

「戦争になるかもしれない」というようなところまで危機が高まるとしたら、これは、もう、政治判断の問題になりますので、今の段階では未知数ですね。

まあ、これは極《きわ》めて難しい数学の問題を解くような感じになりますね。「いろいろな前提条件が幾《いく》つかあって、その前提条件が変わったらどうなるか」ということです。それによって、あとの解き方は、全部、変わってきますのでね。

少なくとも、「米軍は、もう出て行け」という沖縄世論が固まり、そして、民主党政府が地域主権を唱え、「民意を尊重する。沖縄県民の意見を尊重する」というようなことを公式に言っている状況でありますと、防衛上は極めて厳しい問題があります。

自衛隊だけで動けば、いわゆる軍部の暴走のように言われる可能性があるため、非常に抑制的《よくせいてき》な動きしかできないと思われますね。

日本は、どの程度の被害《ひがい》を受けたら、やっと本気になるのか。このへんのところの探り合いをしているわけですね。向こうには、その前提として、漁船の何隻かぐらいを犠牲《ぎせい》にする覚悟《かくご》はありますよ。

もちろん、漁民を名乗っている者は中国人民軍の兵士ですので、当然、沈められる覚悟はあるでしょう。漁船を何隻か沈められても構わないので、混乱を起こして、「どの程度の対応を取ってくるか」というのを必ず見るでしょうね。それはやると思います。だから、このへんをどうするかですね。

もう一つの視点は、「米軍を撤去《てっきょ》させたら、日本は独自で武装強化に走って、独自防衛を強く打ち出してくるかどうか」ということです。これは向こうのチェックポイントの一つでもあるのでね。それをしないと言うのであれば、なめてかかってくるでしょう。

北朝鮮《きたちょうせん》やイランと連動した動きにも注意が必要

もう一つ注意すべきは、「北朝鮮《きたちょうせん》と連動した行動を取ってくる可能性がある」ということですね。中国の〝漁船〟に対応しているときに、北朝鮮から、またミサイルの発射実験をやられたりすることもございます。

「北朝鮮から、突如、新潟《にいがた》方面にミサイルが発射された」などということになりますと、海上自衛隊も完全にパニック状態に陥《おちい》りますよね。

日本海のほうを護らなければいけないのか、沖縄を護らなければいけないのか、分からなくなりますからね。当然、そのぐらいの攪乱《かくらん》はあると思います。

参謀として考えるかぎり、そういうことをするときには、必ず、敵の戦力を分散させる必要がありますので、私だったら、同時に、イランでも事を起こしますね。イランの核武装を進めて、イランとアメリカの戦争が起きるかもしれない状況をつくります。もしくは、イランからイスラエルに挑発《ちょうはつ》をかけるような行動を起こさせて、第七艦隊がイランのほうに向かわなければいけなくなる状況をつくりたいですね。

その状況下で、そういう行動を起こすと、面白《おもしろ》いでしょうね。中国としては、当然、考えることであり、戦力の分散、兵力の分散は、当然、かけてくると思われます。それだと、戦力を一点に集中させられるはずがありませんね。だから、その程度のことは考えたほうがよいと思いますね。

立木　ただいま、秋山先生から賜《たまわ》りました警告を世間にしっかり訴《うった》えて、国民の理解を得ながら、備えをしてまいりたいと思います。

「自衛隊の最高指揮官」として判断できない首相は、潔《いさぎよ》く辞任せよ

秋山真之　とにかく、兵器を持っていても使えなければ、もう、これは意味がないわけですよ。

だから、少なくとも、日本の漁船、あるいは、島民がいなくても、日本固有の領土に対して、明白かつ急迫不正《きゅうはくふせい》の侵害《しんがい》があった場合には、やはり、政治のトップが、

「速《すみ》やかにこれを追い払《はら》うべし」という判断をしなければいけないと思いますね。
それができないようであれば、倒閣《とうかく》運動を起こさなければいけないと思います。

立木　はい。菅《かん》首相に、自衛隊の最高指揮官としての自覚を持ってもらうよう、しっかりと訴えてまいりたいと思います。

秋山真之　そうです。誰《だれ》が座ろうと、思想信条がどうであろうと、首相は、立場上、自衛隊の最高指揮官なのです。自衛隊というのは、日本の国や国民を護るためにあるのですから、国民、あるいは、日本の領土が危機にさらされた場合には、やはり、本人が好きであろうとなかろうと出動を命じなければなりませんね。
それができないならば、国家公務員としての立場は守れませんので、潔《いさぎよ》く辞任して、それができる人に替《か》わってもらうべきであるということですね。

立木　そうした方向で、主張を進めてまいります。本日は、ご教示を賜り、まことにありがとうございました。

秋山真之　うん。まあ、「中国寄り」と言われている小沢《おざわ》氏であるけれども、代表選に自分が出てきた理由は、万一、そういうときには、独断的に強硬《きょうこう》姿勢でやるつもりでいたからだと思いますよ。いちおう、その意を酌《く》んでいたのでないかと思います。

民主党内で一定の勢力を保っている以上、何らかの圧力はかけられると思いますので、役に立つ局面はあるのではないでしょうかね。

立木　はい。ありがとうございます。それでは、質問者を交替《こうたい》させていただきます。

秋山真之　はい。

3　日本がとるべき「外交・軍事戦略」とは

綾織　節目節目で、幸福実現党ならびに幸福の科学に対するアドバイスをいただきまして、まことにありがとうございます。私は、月刊「ザ・リバティ」の編集長をしております、綾織《あやおり》と申します。よろしくお願いいたします。

秋山真之　今、日本でいちばん頼《たよ》りにされている雑誌だそうではありませんか。

綾織　はい。

秋山真之　ねえ？　これ以外に正論を言うところはないそうではありませんか。

綾織　ありがとうございます。

秋山真之　売れ行きを気にしなくてもよい雑誌というのは（笑）、今、日本では珍《めずら》しいらしいではないですか。売れ行き、赤字、倒産《とうさん》を心配しないで、言いたいことが言える雑誌らしいですねえ。

綾織　ただ、影響力《えいきょうりょく》が大事ですので、その部分も努力をさせていただきます。

秋山真之　いや、もう、言論界のリーダーになりつつあるのではないですか。大新聞も後追いしなければいけない時代が来ているので、正論は貫《つらぬ》いたほうがいいですよ。

綾織　ありがとうございます。

アメリカとイスラム圏《けん》を交戦状態にしてはならない

綾織　私からも、外交・軍事面での戦略について、重ねてお伺《うかが》いさせていただきます。これまでも、さまざまな霊人《れいじん》の方から予言的な話をいただいているのですが、そのなかで、「中国の覇権《はけん》拡大に伴《ともな》って、日本の未来が開ける可能性は、マイナス百パーセントである」というような話もございました（『人類に未来はあるのか』〔幸福の科学出版刊〕第１章参照）。

現実を見ましても、「これからアメリカが軍事費を減らさざるをえない状況《じょうきょう》になり、アジアから引いていくことが避《さ》けられなくなる」という見通しもあります。

そこで、秋山先生が、米中の覇権対立的な局面で、今後の国際情勢をどのように見通されているのか、大局的な観点を教えていただければと思います。

秋山真之　今、アメリカには、仮想敵国が幾《いく》つかあるわけですよ。北朝鮮《きたちょうせん》もあるし、中国もあるし、さらに、憎《にく》きイランがありますのでね。最低でも三つはありますが、それ以外にもまだ出てくる可能性はないわけではありません。イスラムとの戦争を煽《あお》っている向きも一部にはありますのでね。

イスラムとの戦争のほうにもっていかれた場合には、そうとうな力を食う消耗戦《しょうもうせん》になって、兵線がすごく伸《の》びてまいります。そのため、アジアのほうまで手が回らない状況になるでしょう。こちらもきな臭《くさ》いですね。そうとうきな臭いです。

今言った北朝鮮、中国、イラン、その他のイスラム圏《けん》までが、全部、〝地続き〟になっていった場合は、非常に危険ですね。

そして、今、中国は、東南アジアのほうまで覇権を広げようとしているし、アフリカのほうも手なずけに入ってきております。アフリカは、主として食料品でしょうけれども、食料品および低次な工業製品等を、人口の増大する中国に売りたいという欲望を持っていますので、中国はこれを飼いならそうとしています。アフリカ、それからアジアの諸国を飼いならして、国連でも多数を取れるように工作をしていくと思いますね。

だから、欧米《おうべい》の没落《ぼつらく》は大歓迎《だいかんげい》でしょう。

基本的に、「アメリカの指導者として、誰《だれ》が出てくるか」ということも非常に大きな問題です。「オバマ氏の再選があるかどうか」というのが、一つのポイントでありましょうね。

やはり、中国がいちばん恐《おそ》れているのは、共和党系の大統領が出てくることでしょう。ただ、アメリカは、民主党系の大統領でも、よく戦争は起こしますので、「いよいよ再選が難しい」となったら、オバマ氏も戦争を始める可能性はあるんですよ。戦争を起こしてしまえば、共和党と変わらないですからね。アメリカ人の支持率が急に上がり始めますので、場合によっては、何らかの強硬的《きょうこうてき》なパフォーマンスを見せる可能性はあります。

でも、北朝鮮一つをまだ叩《たた》けないところから見ると、「核《かく》を持つというのは、人間で言えば、『すでに二十歳《はたち》になり、成人した』ということだ」と見る傾向《けいこう》があるようです。要するに、「核を持ってしまえば、当然、万から十万単位の被害《ひがい》が出るため、そう簡単に戦争はできない」ということになりますのでね。

北朝鮮で手が出ないところを見ると、イランが本当に核武装してしまったら、もう、最後ではありましょうね。

だから、オバマ氏も、再選までの間に、どこかで何らかの軍事作戦を起こす可能性はあると思います。あまり金を使いすぎずに、短期間で効果的な戦果を挙げられる軍事侵攻《しんこう》作戦をとる可能性があると思いますね。それをどういうかたちでやるか。優先順位で、今、悩《なや》んでいるところですね。

さらに、今、アメリカの「九・一一事件」の跡地《あとち》の近くにできるというイスラムのモスクの反対運動で、「コーランを燃やす」とか何とかと言って、少しきな臭くなってきています。

まあ、オバマさんのほうは、イスラムとの争いが起きないように努力はしています。しかし、強硬論が強くなってきますと、戦争の風向きがイスラム圏のほうに向いていきますので、日本の危機は高まってくると思いますね。イスラム圏との戦争の危機が遠のけば、アジアのほうには、まだ防衛余力はあると思います。

だから、日本としては、アメリカがイスラム圏と交戦状態にならないように、上手に橋渡《はしわた》しをする外交的義務があると思いますね。上手に説得して、そうならないようにしなくてはならないと思います。

もちろん、反米的な政権等は運営すべきではないと思いますけどね。

無利子国債《こくさい》を発行し、「原子力空母」と「原子力潜水艦《せんすいかん》」をつくれ

あとは、そうですね。やはり、流れ的には、アメリカ軍が段階的に日本から引いていくことになるかなと思います。

やはり、自主防衛のほうへ舵《かじ》取りをする人が、政治家として必要になるでしょう

ね。誰かがそれをやらなければならないと思われます。

今、防衛問題を訴《うった》えると票にならなくて、あなたがたは、逆風下で非常に苦しんでいると思います。しかし、もう少しすると、「先見の明があった」と言われるようになりますから、もうしばらく、逆風にお耐《た》えになったほうがよいです。

そして、そういう主張を曲げないと同時に、ある程度、具体的なことも考えておいたほうがよいと思いますね。

今、消費税を上げるか、上げないかで揉《も》めておりますけれども、そちらのほうは保留してもよいのです。しかし、無利子の防衛国債《こくさい》のようなものは出してもよいのではないかと私は思うんですよ。その程度は、国民と領土を護《まも》るためにも当然のことでございますので、ちょっと予算策定して、準備が要《い》るということですね。

今の通常の自衛隊を維持《いじ》するための予算とは別に、万一の場合の危機管理のために、そういう無利子の防衛国債等で、ある程度の民間資金を吸い上げてもよいと思いますね。

それから、これは私の考えであって、まだ幸福の科学の考えでも、幸福実現党の考えでもないとは思うけれども、やはり、空母と潜水艦《せんすいかん》をつくらなければ駄目《だめ》ですよ。原子力空母と原子力潜水艦をつくらなければ駄目です。とりあえず、これをつくる必要があります。

無利子国債で、原子力空母と原子力潜水艦をつくると決めたら、防衛は強固になります。それだけで、強固になります。それは、もう、「中国と対等になる」ということを意味しますのでね。ほぼ対等になります。

「空母ができる」ということは、もちろん、防衛上も非常に有効です。要するに、Ｆ15か、Ｆ16か、次のＦ22か分かりませんけれども、そういう攻撃《こうげき》兵器を積んで、紛争《ふんそう》地域に移動できますからね。

それは、台湾《たいわん》にでも、日本から送れることを意味しているわけでしょう？　つまり、「台湾有事の際、日本に原子力空母があれば、日本からでも出せる」ということを意味しています。それは、結論的には日本の防衛につながることですね。

それから、潜水艦ですね。今、中国の潜水艦が非常にうようよしておりますし、艦船を使わないかぎり、当然、地上への侵略はできませんので、潜水艦対策、および向こうの空母部隊対策が必要です。

空母部隊には、当然、駆逐艦《くちくかん》や巡洋艦《じゅんようかん》、その他、いろいろついてくると思います。そのため、中国が空母部隊等をつくっても、それを壊滅《かいめつ》できるようにするには、やはり、原子力潜水艦が必要ですね。これらはトマホークで十分沈《しず》められますからね。

それと、原子力潜水艦は、万一のときの抑止力《よくしりょく》として非常に有効です。例えば、本土攻撃を受けたとしても、潜水艦の場合は海洋に出ているため、万一のときには、海のなかから反撃ができます。向こうのミサイル等が、首相官邸《かんてい》付近に一発でも命中したら、もう、それで国の機能がなくなってしまいますので、「海からでも反撃できる態勢をつくっておく」ということは、防衛上、極《きわ》めて大事ですね。

だから、私は、空母と原潜はつくっておいたほうがよいと思います。そのための国債を発行するなら、無利子国債です。「国防ですから、無利子でも当然でしょう」

ということで、発行してもよいのではないかと思うんですね。
まあ、予算的に見れば、おそらくは、そうですねえ……。十兆円ぐらいあれば、とりあえず、十分、対策は立つのではないでしょうか。

核《かく》をレンタルする手もあるが、最終的には国産化すべき

綾織　その際に考えなければならないのは、やはり、「中国の核《かく》に対して、どのように対抗《たいこう》するか」というところだと思います。いちばん分かりやすいやり方としては、「原子力潜水艦に核を搭載《とうさい》する」というものがあります。これがいちばんの対抗手段になるわけですが、今の時点では、幸福実現党は、まだそこまで踏《ふ》み込《こ》んではいないのですけれども……。

秋山真之　まあ、核シェアリングもありますからね。核も、つくる場合と、借りてくる場合があります。最近、レンタルも流行《はや》りですからね。まあ、レンタルでもい

いんですよ。それだったらわりに早いです。

例えば、アメリカ製でも、インド製でも、ロシア製でも、まあ、当たるかどうか知りませんが（笑）、あることはありますので、レンタルでも核を積めるようにしようとすればできないことではありませんわね。

もちろん、戦略的にはアメリカ中心ですけれども、ロシアやインドのように、すでに核を開発して、かなり持っているところとも、軍事的には良好な関係をつくっておくことが大事かなと思いますよ。いざというときの助けになるようなものを結んでおくことが大事ですね。

インドなどは、「中国がパキスタンをけしかけて、自分たちを攻撃しようとしている」と思っておりますので、「日本と同盟を組みたい」という気持ちは非常に強いと思います。

いざというときは、そのように核をレンタルする手もありますが、最終的には、やはり、国産になるでしょうね。

ただ、中国が何か刺激的《しげきてき》なことをするたびに、こちらもグレード（段階）を上げていくという手もあります。すでに、空母と称《しょう》さずに、偽《にせ》空母のようなものはつくり始めておりますからね。ヘリ空母風のものは、だいぶつくり始めています。

まあ、日本は「言葉の国」であり、言葉をいろいろとつくるのが上手ですから、新しい言葉を発明すればいいんですよ。そうすればできるかもしれませんね。あるいは、核兵器に代わるようなものも、開発可能かもしれません。

とにかく、日本の技術であれば、たぶん、命中精度が非常に高いものができるでしょう。

あるいは、核兵器のところと分離《ぶんり》するのであれば、今、ロケットの打ち上げが行われてきておりますので、宇宙技術をもって防衛する方法もございます。

それは、人工衛星からの攻撃ですね。これも抑止力の一つです。宇宙開発をしていると見せて、防衛することも、もちろん可能ですね。

だから、どこかで決断しなければいけません。

軍事機密で新兵器を研究し、「海南島《かいなんとう》制圧作戦」を立てよ

そういう兵器を、国民には内緒《ないしょ》でつくっても、私はよいと思いますよ。そんなことを大っぴらに言ったら、向こうに筒抜《つつぬ》けになってしまいますからね。

そういう軍事機密というのは最高機密であり、みな、伏《ふ》せて、「ない、ない」と言いながら、つくっておくものなんですよ。「ある」と言ったら駄目なんです。そういう兵器は隠《かく》しておくものですね。

バルチック艦隊を破るにつけても、下瀬《しもせ》火薬などがそうとう役に立ったところがございます。敵に損傷を与《あた》えるのに、日本人の発明した火薬がそうとうな威力《いりょく》を発揮しました。

こういう秘密兵器の部類は、やはり、軍事機密ですので、新兵器等の研究については、そう簡単に公開すべきではないと思いますね。

このへんは、口が軽いマスコミが多すぎるので危険です。言わなければ、向こう

のほうには分からないのに、すぐ〝ご注進〟するのでね。

次の戦《いくさ》では、おそらく、台湾から海南島《かいなんとう》付近が戦場《いくさば》の中心になる可能性が極めて高いでしょうね。

日本が反撃するとしたら、やはり、海南島付近の中国の原子力潜水艦基地です。潜水艦基地、それから核兵器基地等がございますので、このあたりを攻撃し、叩かなければいけないですね。このへんの軍事基地を叩かなければいけません。

中国は台湾を取れたら、そこを基地にしてしまうと思いますので、取らせないようにしなければいけないと思いますが、やはり、攻撃目標としては海南島ですね。だから、「海南島制圧作戦」を立てなければいけないと思います。ここに秘密基地がありますね。

綾織　ありがとうございます。本日、伺いましたアドバイスを受けまして、幸福実現党としましても、新しい外交戦略・軍事戦略を考えていきたいと思います。

4 秋山真之の「過去世《かこぜ》」について

綾織　最後に、もし、可能であれば、お答えいただければと思います。おそらく、秋山先生は、過去、名のある軍師として活躍《かつやく》されたのではないかと推察されるのですが、過去世《かこぜ》、あるいは過去の活躍について、お教えいただければと存じます。

秋山真之　私ですか？

綾織　はい。

秋山真之　ハハ。まあ、名前がありますかねえ。そうですねえ……、うーん、まあ、経験は幾《いく》つかあることはありますけども、あなたがたの歴史知識がどの程度あるか、少し疑問があるのでね。

うーん、以前ですね。以前と言っても、もう、だいぶ古くなりますけれども、最近ではないですよ。昔、朝鮮《ちょうせん》半島の百済《くだら》を制圧して、任那《みまな》を統治下に置いた時代がありますね。まあ、古代に近い時代に入るのかもしれませんけれども、朝鮮半島の一部が、日本の植民地だった時代がございます。

そのようなときに、朝鮮半島の百済のあたりを制圧するのを仕事にしたことが、過去世ではございます。

それから、歴史的には、十分に名前が遺《のこ》っているかどうかは分かりませんけれども、東洋でない世界でも、戦った経験がございますね。少し意外かもしれませんけれども、十字軍などで、けっこう戦ったことがあります。しかし、おそらく、歴史的には、そんなに名前は知られていないだろうと思われますね。十字軍で戦った時代があります。

あるいは、古代では、シーザーの時代のガリアの戦い等でも、活躍したことはございますけどね。

いずれも、「ザ・リバティ」に載《の》らないぐらい細部にわたる歴史知識を要求しますので、『歴史読本』のようなものでなければ、名前が出てこないかもしれません。

そんなにずっと偉《えら》い人ではありませんが、要所要所で活躍はしております。ただ、小学生でも、すぐに思い出すほど有名な人ではありません。

綾織　秋山先生もすぐには評価されずに、あとで歴史を研究した人が、「秋山真之が活躍した」ということを発掘《はっくつ》して明らかになってきました。おそらくは、歴史のターニングポイントで、鍵《かぎ》を握《にぎ》られていたのだと思います。

秋山真之　ただ、戦《いくさ》には、要所要所でいつも勝っております。そんなに大した戦ではないかもしれませんけれども、要所要所で、ターニングポイントにおいて勝っています。

ああ、もっと古いのもありますよ。ガリア戦記の時代、シーザーのヨーロッパ遠《えん》征《せい》よりも、もっと古い時代にも出たことはありますねえ。それは、ギリシャの時代などですね。そんな時代にも出たことがあります。

いや、私だって役に立ったことは数多くあるんですよ。ヘルメス軍にも海軍があったでしょう？　だから、まあ、少しは戦ったことがあるんですよ。あまり明らかにはなっていないけれども、アフリカあたりまで植民地にしておりますからねえ。そうとうやっております。

それは、ヘルメスが直接やったわけではありません。海軍で戦った人が別におりますので、「そのあたりに紛《まぎ》れ込《こ》んでいる」と言ってもよいかもしれませんね。

ヘルメスの物語で名前を挙げてくれないのでね（『愛は風の如《ごと》く』全四巻〔大川隆法著、幸福の科学出版刊〕参照）。そこに出てこないので言いようがございません。

だから、いつも縁《えん》の下の力持ちで、「何かのときに、力を発揮して、一捻《ひとひね》りで勝てってしまう」というところでしょうかね。

霊格的には、私などよりも、幸福の科学の支援霊《しえんれい》でいらっしゃる韓信《かんしん》さんとか、そうした人のほうが上だと思われますので、大きな判断は、そちらにお訊《き》きになられたほうがよろしいかと思います。

私は、そういう人の補佐役《ほさやく》で働くようなタイプの人間ですね。

綾織　ありがとうございます。秋山先生の智慧《ちえ》を生かしまして、この国難を逆転させてまいりたいと思います。

秋山真之　うん。今、防衛問題は票にならないが、そのうち、必ず、追い風になると私は思いますよ。

だから、正論をきちんと言ったほうがいい。今、沖縄《おきなわ》県民の多くは間違《まちが》っているから、これは、やはり、説き伏《ふ》せないといけないと思いますね。危ないです。まずいです。その程度の智慧がなければいけませんね。

綾織　分かりました。本日は、まことにありがとうございました。

大川隆法　（秋山真之に）はい。ありがとうございました。

第2章

今こそ、「救国の精神」を

――乃木希典《のぎまれすけ》の霊言《れいげん》――

二〇一〇年九月十五日　霊示

乃木希典《のぎまれすけ》（一八四九～一九一二）

長州藩《ちょうしゅうはん》出身の軍人。陸軍大将。第二次長州征伐《せいばつ》では奇兵隊《きへいたい》に参加して幕府軍と戦う。明治維新《いしん》後は、西南戦争、日清《にっしん》戦争に出征。日露《にちろ》戦争では第三軍司令官として旅順攻略《りょじゅんこうりゃく》を指揮する。その後、学習院院長に就任して皇族子弟《してい》の教育に従事するが、明治天皇の大葬《たいそう》の日に妻とともに殉死《じゅんし》。

質問者

松島弘典《まつしまひろのり》（幸福実現党幹事長）

黒川白雲《くろかわはくうん》（同政調会長）

［役職は収録時点のもの］

1　武士道精神の体現者・乃木希典《のぎまれすけ》

大川隆法　（四回、深呼吸をする）

乃木希典《のぎまれすけ》将軍、国難のときに当たりて、われらを正しい方向に導きたまえ。

乃木希典将軍、国民の英雄《えいゆう》、乃木将軍よ。

われらをして、正しい道を歩めるように、的確なる方針を天上界《てんじょうかい》よりお示しいただきたく、お願い申し上げます。

乃木将軍の霊《れい》よ、乃木将軍の霊よ。幸福の科学総合本部に降りたまえ。

（約二十秒間の沈黙《ちんもく》）

乃木希典　ハァー（息を吐《は》き、右手で髭《ひげ》を撫《な》でる仕草をする）。

松島　乃木将軍でいらっしゃいますか。

乃木希典　ん？　うん。乃木だが？

松島　私は、幸福実現党幹事長の松島と申します。

乃木希典　うーん。

松島　本日は、まことにありがとうございます。

乃木希典　うーん、君たち、変わったことをやるんだねえ。

松島　はい。乃木将軍におかれましては、明治維新《いしん》のころ、奇兵隊《きへいたい》に参加され、四《し》境戦争《きょう》（第二次長州征伐《せいばつ》）における馬関《ばかん》での戦いを始めとしまして、西南戦争、そして、日清《にっしん》戦争、日露《にちろ》戦争と……。

乃木希典　君、詳《くわ》しいね。

松島　ありがとうございます。

当時の幕府や、また、清国、ロシアなど、大きいところを敵として勇敢《ゆうかん》に戦い、すべてを勝利に導かれました。

乃木希典　君のほうから、「凡将《ぼんしょう》、凡将」という声が聞こえてくるんだがなあ。

松島　いえいえ、そんなことは思っておりません。

乃木希典　いや、まあ、そういう意見もあるから、それは、しかたないけどねえ。

松島　いえ、決して、そのようなことはございません（会場笑）。本当に、もう……。

乃木希典　私は、大切な大切な軍旗を奪《うば》われた人間だしねえ。二〇三高地では万を超《こ》える人を、むざむざ死なせた凡将だからねえ。あなたが読んだ歴史書のなかには、「凡将、凡将」と、何度も書いてあるんだろうから。

松島　いいえ、決して……。

乃木希典　その凡将のアドバイスを聴《き》いて、役に立つのかねえ。

松島　決して、役に立たないなどということはございません。

乃木希典　「学習院の指導は、どのようにしたのか」ぐらいを訊《き》いてくれたほうが、いいかもしらんなあ。

松島　いえ。

乃木希典　教育もやっておるんでしょう?

松島　ええ。教育についても、時間があれば、お訊きしたいと思っております。

乃木希典　うーん。

松島　日本には、乃木神社も多数ございますし、また……。

乃木希典　君は、「自分のほうが、軍略は上だ」と思ってるだろう。うん？

松島　いえ、滅相《めっそう》もございません（会場笑）。

世界でも、乃木将軍のお名前は、本当に有名でございまして……。

乃木希典　「人格のみあって、実力なし」ということで有名かな？　うん？

松島　いえ、乃木将軍は、明治の精神というか、武士道の精神を、まさに体現しておられた人格者であるということで、日本だけではなく、世界の人々から尊敬を集めておられます。

乃木希典　いやあ、しかし、ちょっと、まだ、自分を許せないところがあるんだなあ。十分に期待に応《こた》えられなかった。

まあ、凡将というのは正しいかもしらんなあ。神社は、まだちょっと分に過ぎているかなあ。

松島　日露戦争が終わったあと、戦死者のお宅を一戸一戸回られて供養されたと伺《うかが》っております。そういう乃木将軍の人となりに対しては、日本人だけではなく、世界の人々が、本当に心から敬服いたしております。

乃木希典　その結果、昭和天皇を養育して、先の大戦で敗れてしまったので、わしの凡将ぶりがうつってしまった可能性が、かなり高いなあ。

松島　マッカーサー元帥《げんすい》のお父様が、かつて、乃木将軍の薫陶《くんとう》を受け、非常に尊敬していたために、マッカーサー元帥も、戦後、日本の占領《せんりょう》に当たって、日本人を尊敬しておりました。その大きな理由となったのが、やはり、乃木将軍のご存在であったと思っております。

乃木希典　まあ、とにかく、私は、秋山君ほど頭がよくないからさ、そのへんを割り引いてアドバイスを聴かなければ駄目《だめ》だよ。

凡将のアドバイスだからね。あちらは天才だからさ。天才のアドバイスと、凡将のアドバイスは、違《ちが》うから。

凡将は、あとは、もう、人々の評判を取る以外に道がないのだよ、君。分かるかね。だから、人格でも磨《みが》かないとねえ、磨くものがないんだよ。能力は磨いても出てこないから、しかたがないでしょう。

松島　今後の戦略等については、次の質問者の政調会長のほうに譲《ゆず》りたいと思います。

乃木希典　ああ、そうか。

松島　私からは、乃木大将の人格的な面や、教育者の面、また、武士道精神の体現者としての面、そして、明治という時代を起こし、明治天皇とともに亡くなられた、まさに「明治の精神」としての生き方について……。

乃木希典　いやあ、君、苦しいなあ。「明治の精神」とか、あまり言われると、私は、もう、胸に刺《さ》さってくるようで、さっきから痛くてしょうがない。

いやあ、この教団は、なんだか長州閥《ばつ》が強いんだよなあ。長州の偉《えら》い人がいっぱい出ているので、やりにくくてしょうがない。「乃木なんか、そんなに偉かったっけ?」と、みんな言ってるような、そういう声が聞こえてきてしかたがないんだ。

松島　いえいえ、そんなことはございません。乃木先生が、ご自身のストイックな生き方も含《ふく》めて、非常に謙遜家《けんそんか》でいらっしゃるので、今のようなお話をされているのだと思っております。

乃木希典　まあ、君は言い方がうまいから、それに乗せられないように気をつけないといけないとは思うんだけども、わしから、何らかの戦略・戦術を引き出そうと思っておるのなら、かなり難しいかもしれない。

負けたときの対応の仕方とか、そういうのならば、お答えできるかもしれないが。ハハッ。

2　将としての心構え

松島　乃木将軍は、二〇三高地などでは、本当に厳しい戦いをなされたと思います。日露《にちろ》戦争では二人の息子《むすこ》さんも戦死されましたが、そのような大きな大きな犠牲《ぎせい》を払《はら》って、日露戦争を勝利に導かれました。そうした要《かなめ》となる戦いに臨《のぞ》むに当たっての、リーダーの心構えや、部下を鼓舞《こぶ》する際の心境などについて、教えていただければと存じます。

敗戦の責任を一人で背負うのが「将」の仕事

乃木希典　そうだな。君たちも、連戦連敗をしているんだったな。

松島　まさに、そのとおりです（苦笑）。

乃木希典　なるほど。それは、「乃木精神」が必要なところかもしれないね。屍《しかばね》の山を築くんだって？

松島　はい。

乃木希典　選挙で万の屍の山を築くのは、大変だとは思うがな。そんなには、なかなか立候補できるものではないからなあ（笑）。

うーん。指導者は、つらいものだよな。自分は戦わないのに、部下が死んでいく。自分のほうに、先に弾《たま》が当たったほうが、よっぽど気が楽だわなあ。

だから、私も、ときどき、弾がよく当たるようなところを散歩していたんだけど、当ててくれないんだよな。

だいぶ人を死なせてしまったので、当たってくれると、すっきりするんだが。有力な若者をそうとう死なせたんでなあ、当たってくれないかと思い、視察と称《しょう》して、弾が当たりそうな所を、よく歩いていたんだけど、残念ながら、それが当たらないんだ。うん。一発当ててくれれば、すっきりしたんだけど、当たらないために、あとで自害しなきゃいけなくなってしまって、残念な思いをした。やはり、万の人を死なせるというのは、あまりよいことではないですね。

ただ、なんと言うかなあ、うーん、先ほどの秋山さんも、「縁《えん》の下の力持ち」という言葉をお使いではあったが、陛下の「股肱《ここう》の臣《しん》」として、そういう敗戦に耐《た》えるる役割をするというか、上にその責任がかからないようにするということは、将としての仕事かなと思っていた。

作戦の失敗や戦死者の数等で、当然、国民から非難が起きてきますのでね。だから、「凡将《ぼんしょう》・乃木」一人にて、その責任は負うつもりでおりました。そういう意味で、最終的な勝利を得られたため、明治大帝《たいてい》の責任は、誰《だれ》も問う人がいないだろうと思います。

こういうものは、一つ間違《まちが》うと、いちばん上まで責任が及《およ》ぶからね。

まあ、私から見ると、君たちには、まだ、そういった、なんて言うかなあ、うーん、負けの責任を背負いつつ戦っていくところの、胆力《たんりょく》というか、責任感というか、使命感というか、あるいは、信者への説得力、世間への説得力、浸透力《しんとうりょく》というか、こういうものが、ちょっと足りないような感じがしてしかたがないなあ。

「国難来たれり」と言っても、まだ、本当に国難のために戦っているというよりは、教団の宣伝のために戦っているように見えている面が多いのだろうと思う。やはり、もうちょっと、なんて言うかな、魂《たましい》としての真剣《しんけん》さが必要かもしれないねえ。

それで、敗戦責任等が総裁にかかるようであっては、やはり、弟子《でし》としては、まずいのではないかね?

だから、もう一段、毅然《きぜん》として責任を取って、断行しなきゃいけないし、敗戦しても、明日《あす》につながる敗戦の仕方をしていかないといけないと思う。そのへんが、もうひとつかな。

あと、おそらく、君たちは、自分たちのミスジャッジというか、判断の間違いや、作戦の間違い等による失敗を、あまり上奏《じょうそう》しない癖《くせ》があるだろうと思う。おそらく、そういうところは、隠蔽《いんぺい》する癖がおありなんだろうと思うけれども、潔《いさぎよ》さが必要だよ。やはり、それを一手に引き受ける人がいなければいけないと思うな。

この教団には、私のような〝凡将《ぼんしょう》〟が必要

ここは、トップが責任を取ろうとする傾向《けいこう》が非常に強いところのようで、それはそれで、よいところもあるんだが、すべての事業がトップにかかっていれば、常に責任が生じている状態ではあるのでね。

特に、最近やった仕事で、そんなに大きな間違いは少ないと思うんだけれども、政党のほうの敗戦が、やはり非常に多いので、これは、弟子のほうに、この世的な情報分析《ぶんせき》、戦略分析、あるいは作戦立案能力等が足りないところが、そうとうある

のではないかねえ。

これほどまで大きな負け方は、ほかのところではしていないので、政治関係は、あまりにも素人《しろうと》軍団すぎるようだね。だから、自分たちで、もう一段、戦う力を持たないといけないと思うよ。

われわれで言えば、「明治天皇に神格があるかどうか」というようなことであろうけれども、神格をお付け申し上げるのが、われら臣下の者の使命であって、「勝てば神格ができ、負ければなくなる」というようなものであってはいけないと思うね。

ある意味では、今、政党のところでいちばん信用を失っていると思うので、頑張《がんば》りどころではないかな？　ああ、頑張りどころだと思うよ。

だから、「これは間違いであった」とトップに言わせたり、あるいは、間違いとは言えないけれども、戦いにおいて、あまりにも負け方が酷《ひど》すぎ、そのすべての責任がトップにかかっていたりするようなかたちになっていると思うけれども、やはり、私のような〝凡将《ぼんしょう》〟が要《い》るのではないかね？　〝凡将〟が出なければいけないと思いますがねえ。

残念だが、今はまだ、将としての自覚が足りていないのではないかね？　君らが、政党の幹部なんだろ？　君ら自身が、その批判の矢面《やおもて》に立つだけの、発言と行動に対する責任、あるいは作戦立案責任等を、やはり持たないといけないと思うね。

これが、他のところで収めてきた成功の部分を、なんて言うか、かなり傷つけているところが大きいように思うよ。

そのほとんどは、やはり、作戦の見通しの誤り、甘《あま》さ等であろうし、実は自分たちのミスを十分に報告していなかったところなども大きいのではないかと思われる。あとは、無為《むい》に日を過ごして自滅《じめつ》したケースも多いように思われるね。指示がなければ準備しないようなところかな？　「指示を出した人に責任が出る」というような、指示待ちの傾向が非常に強く出ているのでね。それは、新規に戦いを挑《いど》む者にとっては、あまり望ましいタイプではないと思われますね。

だから、今の状態は、ずっといい状態ではないと思われます。政策の内容から、戦い方、それに資金源まで、トップに責任がかかるような戦い方をしておるので、これは極《きわ》めてまずい戦い方だね。

あなたが幹事長であるならば、選挙の勝敗についての責任は、やはり負わなければならないし、兵站《へいたん》部分の責任も持たなければいけないね。

そういうところに、やはり〝凡将〟が必要だと思うよ。〝凡将〟がいないといけない。あえて、非難を自分で引き受ける人がいなければいけないね。この教団は、そういう人が、ちょっと少ないね。ほめられるのは、お好きではあるけれども、責められるのは、お好きでない。

まあ、人間は、普通《ふつう》、そうではあるけれどもね（笑）。普通は、責められるのは嫌《きら》いで、ほめられるのは大好きだから、ほめられるときだけ出てくる方は数多くいらっしゃるが、それは天狗《てんぐ》パターンだからね。気をつけないといけない。

そういう傾向が非常に強く出ているので、やはり、水面下の努力の部分が足りていないのだと思うな。もうちょっと水面下の努力が要るのではないだろうかね。

われわれで言えば、いろいろな戦争の、いろいろな局面で、勝ったり負けたりはしておりますけれども、「その勝ったり負けたりした局面が、陛下の責任だというようなことは、口が裂《さ》けても絶対に言ってはいけないし、言わせてもいけない」という感じはありました。

けれども、おそらく、あなたがたは、選挙でどんな戦い方をして負けようとも、すべて教祖一人の責任になるのであろうし、少なくとも、マスコミは、ほかに狙《ねら》うところはないのであろうからして、やはり〝凡将〟が出なくてはいけませんね。

私のように、批判を受けて、それに耐え、戦いを続ける人が出てこなければいけないと思いますね。そういう人が何人かいないといけない。教団と連結していて、逃《に》げ場がいくらでもあるので、安易《あんい》に流れているように見えるなあ。

松島　ありがとうございます。将としての心構えがよく分かりました。

3　日露《にちろ》戦争を振《ふ》り返る

松島　今、お話を伺《うかが》っておりまして、何か、「日露《にちろ》戦争は、本当は負けだったのかな」というような感じを少し受けたのですが……。

陸軍も海軍も、本来は負け戦《いくさ》だった

乃木希典　いや、本来は負け戦《いくさ》だよね。あれは運がよかった。本来は負け戦だ。本来は負けなければいけない戦だったと思うよ。陸軍も、海軍も、負け戦というのが、本来の姿だ。本当にラッキーだったと思いますね。敵失《てきしつ》が重なり、味方にも幸運が重なって勝てたけれども、本来、これは負け戦ですね。

資金的にも不足していて、無理に外債《がいさい》を集めて戦っているし、継戦能力《けいせんのうりょく》はなかっ

たし、戦艦《せんかん》もかなり傷《いた》んでいたし、陸軍も十分ではなかったし、敵の備えのほうが十分だったね。

だから、旅順《りょじゅん》にしてもだね、あちらが、あれだけ要塞《ようさい》を強化しているという情報を事前に入手していたら、あれほどの被害《ひがい》は出なかったんです。日清戦争のときには、あっさりと取っているのでね。前回、一度、取っているところではあるので、簡単に取れるものだと思って、甘《あま》く見たために、大きな被害が出たんだ。

旅順要塞は、ロシアが取ってから、あれほどまでコンクリートで固め、内部には弾薬《だんやく》や食糧《しょくりょう》などの物資を豊富に持っていて、さらに、シベリア鉄道を通して補給体制までつくろうとしているような状況《じょうきょう》だったので、あれは、本当に完敗になってもおかしくない戦いだった。

敵将のステッセルが降伏《こうふく》したあと、敵陣地《じんち》を見てみたら、わが軍よりも豊富な食糧と武器弾薬があったので、こちらのほうが、びっくりしてしまった（笑）。こちらのほうは、もうほとんど物資がなく、補給がつかない状況であったのに、向こうのほうは、補給がまだ十分にあったんだ。

けれども、死傷者があまりに多いのと、乃木の凡将《ぼんしょう》ぶりが誇大《こだい》に評価されて、すごく恐《おそ》ろしい人だと思われたらしい。実は、用兵が下手だったために、大勢の兵が死んだのだけれども、それが、何と言うか、「乃木は、人が死ぬのを何とも思わない人間だ」と思われたらしい（笑）。

ロシアでは、子供たちを黙《だま》らせるのに、「乃木が来るぞ」と言っていたようで、そういう言葉を流行《はや》らされたぐらい（笑）、もう本当に鬼《おに》みたいに言われたのだけれども、実際は、用兵が下手で大勢死んだだけのことだ。

ロシア側に残っていた武器弾薬、食糧、および、シベリア鉄道による補給体制の確立、それから、要塞の堅固《けんご》さ等から見て、こちらの作戦および戦闘《せんとう》準備に誤りがあったことは明らかだった。最初の見通しが間違っていて、むざむざと大勢の人を死なせ、戦力を失ったことは、間違いない。

だから、私の虚名《きょめい》が流れたことで、敵が予想外に恐れてしまい、「日本軍は強い」

と思ってしまったところがあるし、「側面から攻撃《こうげき》した者たちにも、当然ながら、援護軍《えんごぐん》が来るものだ」と向こうが思って、逃《に》げたようなところもそうとうあるので、ロシアのほうが、勝てる戦いを落としたということではあるでしょうね。

もうちょっと粘《ねば》られたら、うちの負けだったし、あの高地が取れなければ、旅順の要塞化がさらに進んで、やはり、非常に厳しい戦いになっただろうね。

海軍のほうだって、名参謀《めいさんぼう》の秋山真之《さねゆき》が、「敵軍は、対馬海峡《つしまかいきょう》を来るか、それとも、津軽《つがる》海峡を通ってくるか」という二者択一《たくいつ》の判断で、そうとう苦しんだけれども、やはり、遠路を来ていることから見て、「最短距離《きょり》の対馬から来る」と判断し、待ち構えていた。ただ、一週間ぐらい遅れたかな？　敵軍がなかなか来ないため、かなり焦《あせ》っていて、また、迷ってもいたんだけれども、「運がよかった」としか言いようがないね。

そうとう疲弊《ひへい》しており、港に入りたくて戦意が落ちている艦隊に遭遇《そうぐう》して、これを日本の近くで撃破したわけですから、運がよかったのと、東郷平八郎元帥《とうごうへいはちろうげんすい》が剛毅《ごうき》な方であったために、勝ったところもあるわな。

「自分らは全滅《ぜんめつ》してもいいから、バルチック艦隊を、全部、撃滅する」という考え方の方だったので、まあ、あなたがたの言う「与《あた》える愛」かもしらんけれどもね。

もし、ウラジオストックに逃《に》がしてしまったら、そこを根城《ねじろ》にして海上補給路を断《た》たれ、陸軍もやられるし、そこから出没《しゅつぼつ》して日本海側から攻《せ》めてこられることも考えると、日本海岸の長い防衛線を、日本海軍は護《まも》り切れないというのはだいたい見えていた。その上、シベリア鉄道で輸送をつけられたら、向こうは長く戦い続けることができるので、あれは、まあ、百に九十九は負けている戦だったね。

だから、謙虚《けんきょ》なのではなくて、本当に、あれは、いろいろな人の活躍《かつやく》により、百に一つの勝ち方をしたのであって、本来は負け戦だ。

資金を集めたり、あと、講和に持ち込《こ》むのにも、たまたま優秀《ゆうしゅう》な外交担当者がいて、友人等を通じて交渉《こうしょう》をやれたり、いろんな要素が積み重なっての勝利だったね。

だから、ナポレオンも敗れ、ヒトラーも敗れた、あのロシア軍（ソ連軍）に日本軍が勝てたというのは、まあ、奇跡《きせき》の勝利だったね。

幸福実現党は「敗戦の分析《ぶんせき》」をしっかりと行うべき

でも、その奇跡の勝利が、おそらくは、第二次大戦の敗北につながっていると思う。兵站《へいたん》部門の軽視から見て、日露戦争は負けている戦いなんだけれども、それでも勝ってしまったために、先の第二次大戦でも、「神風《かみかぜ》が吹《ふ》いて勝てる」と思ったところがある。山本長官等に、そういう甘い期待を抱《いだ》かせてしまったところに、やはり間違いがあったかもしれないね。

確かに、最初の一、二年は、日本軍が勝っていた。しかし、「ロシア戦で、それだけの奇跡が重なって勝った」ということに対して、十分な反省と分析《ぶんせき》ができておれば、そして、国民がそれを共有しておれば、無理はしなかったのに、勝ったところだけを発表して、負けたところ、失敗したところを隠蔽《いんぺい》していたために、「日本軍、強し」ということで、うぬぼれすぎていた。それで、第二次大戦の敗北に相成《あいな》ったと、私は思うね。

だから、「日露戦争では、本当は危なかった」ということを、十分に知らしめておれば、第二次大戦の様相は、かなり違ったものになっただろう。

マスコミにも知らされていなかったのかもしれないけれども、それを、国民に十分に伝えなかったために、「戦争で勝ったのに、ろくに物がもらえなかった」というようなことで不満が溜《た》まり、日比谷の焼き討ち事件から始まって、いろんな騒動《そうどう》が起き、戦争に突入《とつにゅう》していくきっかけになっていったよね。

あなたがたも、成功したことだけは、上手に報告する癖《くせ》はおありかと思うけれども、やはり、敗戦分析が弱いと思うよ。だから、「勝って兜《かぶと》の緒《お》を締《し》めよ」ということと同時に、「なぜ、これは失敗したのか」という失敗の研究は、しっかりしないといけないと思うね。まだ、甘い。そういうところが甘いね。

だから、上が、知らされていないで、失敗責任を取らされているところが、そうとうあるのではないかな?　知らせないのならば、自分で責任を取らなければいけないわな。

松島　はい、分かりました。

乃木希典　責任を取っていないと思われるのでね。次は、あなたが責任を取らなければいけない。

松島　はい。

日露《にちろ》戦争の勝利は、いろいろな偶然《ぐうぜん》が重なった結果

松島　日露《にちろ》戦争で、奇跡の勝利を呼び込んだのは、まさに、乃木将軍の徳の力であったのではないかと、今、本当に確信させていただきました。

乃木希典　いや、ステッセル将軍を遇《ぐう》したというけれども、向こうは勝っていたのに負けてくれたからね（笑）。それは、賓客《ひんきゃく》の礼を取るのは、君、当然じゃないですか。

残っている武器弾薬、兵員の数から見たら、あちらが勝ってしまうんですから。こちらのほうは、もう戦えない状況に近かったんですから、それは、丁寧《ていねい》に扱《あつか》いますよ。

それを外国の特派員が、ものすごい美談のように伝えたわけです。「ステッセルに帯剣《たいけん》を許した」とか、「対等の立場で付き合った」とか、まあ、そういうことを美談のように言われているけれども、こちらとしては、「降参してくれて、本当に助かった」というのが本音だったね。

日本の陸軍の被害も、ものすごいものであったので、それを正確につかんでいたら、「もう少し戦えば勝てる」ということを向こうも分かったはずなんですけれども、まあ、日清戦争もあったし、「日本軍、強し」と、あまりにも思いすぎたところがあるわな。

秋山兄弟の活躍も、そうとう効いている。あの戦略がかなり効いたね。あのロシアのコサック騎兵《きへい》部隊が、秋山好古《よしふる》の兵法で敗れたというのも、そうとうな衝撃《しょうげき》だったのでね。

ロシアの馬のほうが日本の馬よりも強いですから、馬上戦で戦ったら、ロシアが絶対に勝つんですよ。特に、日本の馬は、そういう雪の多いところでは弱いですから、それに慣れているロシアのほうが負けることはありえないことだったんだけれども、その世界最強のコサック軽騎隊に秋山好古が勝ったというニュースには衝撃が走った。ナポレオンも勝てなかった相手ですからね。

まさか、馬から降りて人間のほうが射撃してくるとは思わなかったのでね（笑）。あちらは馬上戦だと思い込んでいて、馬から降りて戦う作戦を立てられるとは思わなかった。まあ、そういう、いろいろな偶然が重なって勝利したわけだ。

君らは、まだ勝っていないから、そういう「神風」の説明を吹聴《ふいちょう》することもできないであろうけれども、今までの敗因をよく分析して、作戦を組み立てなさい。

結論的に言えば、選挙においては、やはり、世論の支持を得られなかったことに最終的な敗因があるわけだ。あなたがたが、「彼らには悪魔《あくま》が憑《つ》いている」と言っても、そういう人たちが何十パーセントもの支持率を集めているわけですから。

天使の支持率が、零《れい》コンマ何パーセントで、悪魔の支持率が「六十パーセントだ、七十パーセントだ」と言われるのでは、困ったものだよ。国民が素直な心で見て、悪魔を六十パーセント、七十パーセントも支持し、天使を零コンマ何パーセントしか支持しないなどということであっては、それは、日本国民に対する侮辱《ぶじょく》にも相当することであろう。それ以外にも敗因はあるはずですから、そのへんをよく分析なされたほうがよいと思いますね。

松島　はい。将としての心構えを、しっかりと受け止めさせていただきます。本当にありがとうございました。質問者を交替《こうたい》させていただきます。

4　教育改革の方向性

黒川　乃木大将、このたびは、日本の重大な国難の時期に当たり、尊いご指導を賜《たまわ》りますことを、心より感謝申し上げます。

ただいま、ご指導をいただき、私たち幸福実現党の役員の徳の足りなさ、責任感の甘《あま》さ、あるいは、失敗の分析《ぶんせき》の甘さ、こういったところに敗因があると改めて感じさせていただきました。そうした敗因を徹底的《てっていてき》に分析して、必ずや勝利を収めてまいりたいと思います。ご指導、よろしくお願い申し上げます。

あなたがたは宗教政党の強みを生かせていない

乃木希典　結局、菅《かん》さんたちの民主党が第一党になった理由は、今、「雇用《こよう》、雇用」

と言っておられるようだけれども、弱者救済のところを打ち出したということだろう？　これが勝因だろう？

あなたがたは、宗教政党であるのに、弱者救済については、まったく触《ふ》れなかったね。だから、強みを生かせていないわな。だから、向こうに、宗教政党のお株を奪《うば》われたところがあると思いますね。

あなたは、戦略・戦術を組まなければいけないセクションにいるのだろうから、やはり、もう一段、実情をしっかりデータ分析する必要がある。小泉政権時代に、あれほど人気のあった路線が、突如《とつじょ》、まったく正反対の方向に動いているわけでしょう？

五年間もの長期政権になって、高い支持率を得てやっていたことが、本当に全部間違《まちが》っていて、その正反対が正しかったのか。やはり、民意が、異常な動き方をしていると思われますね。

その動きのもとにあるものは何であるかというと、「小泉路線で、格差が開いて弱者が増え、人々が生活に苦しんでいる」ということが、マスコミによって既成事《きせい》実のように報道されて、その路線が否定され、「弱者救済の左翼的《さよくてき》な勢力が勝つべきだ」という世論をつくられていった。

しかし、実際に、小泉路線は本当に間違っていたのかどうかの検証はなされていない。そういう弱者が、本当の意味で増えているのか。そして、その弱者救済を主たる目玉政策に立てたならば、健全財政というものが成り立つのかどうか。実際は、矛盾点《むじゅん》がたくさんあるはずだけれども、十分に論理的な整合性をもって攻め切《せ》れていないところがあるのではないでしょうかね。

弱者救済だったら、これはもう、完全に財政崩壊《ほうかい》の方向へ向かうはずです。けれども、財政再建を言いながら、弱者救済をやろうとしているという、実際には両立しないことをやっている点を、突《つ》き崩《くず》せないでいるのでしょう?

逆に、あなたがたは、ある意味で、バラマキができないことを知っているのでね。経済の原理が分かっているから、税収《ぜいしゅう》を生むところに焦点《しょうてん》を絞《しぼ》ってお金を出そうとしているのでしょう？　それは、経営者として見て、非常に優《すぐ》れた判断をなされているのだけれども、それを説得的に伝えることができないでいるわね。

そして、現実は、子供騙《だま》しのように見える、目先の、一万三千円だの、二万六千円だの、お金をばら撒《ま》くほうに国民は釣《つ》られ、票を買収されて、そちらを勝たせているような状況《じょうきょう》でしょう？　これを見れば、まるで発展途上国《とじょうこく》のような感じがしますよね。高度な先進国としての日本の姿が見えませんね。

これは、あなたがたの説得力が、やはり足りていないと言わざるをえないと思うね。説得力が足りていないだけでなくて、単なる右翼の軍国主義者だと思われているのかもしれないですけれどもね。

「日教組《にっきょうそ》教育からマスコミ世論へ」のメインストリームを断《た》ち切れ

現在の日本においては、愛国主義、あるいは、愛国主義者というものが票にならないけれども、これは、やはり、愛国主義を十分に理解していないところもあるわね。アメリカなら、愛国主義というのは、確実に票になるんですよ。ところが、日本では、一般《いっぱん》に票にはならない。票にならない理由は、日教組の教育方針等によって洗脳されているからですね。

だから、「愛国、日の丸、君が代、皇室、こうしたものは、みな、青年たち、若者たちを、学徒動員して死に追いやるものだ」と、まあ、こういうふうな短絡的《たんらくてき》な洗脳がなされているのだと思われますね。

これは、やはり、言論戦ですので、根っこの教育論のほうから攻めていかなければ駄目《だめ》だと思いますね。教育論のほうから攻めていって、外交のほうまで崩さなければいけない。教育論のほうから善悪を規定されているので、外交のほうだけを攻めても、それは、悪の論理のように見えているんですよ。

つまり、愛国や護国《ごこく》ということが、悪いことのように思われているので、票にならないんですよ。しかし、「実際に、他国の軍隊が、自分たちの県を占領《せんりょう》したり、首都に攻撃《こうげき》をかけたりすることがあるとしたら、どうですか」と問いかけたならば、当然ながら、九十パーセント以上の人は、「防衛してください」と言うはずですね。

要するに、「日教組《にっきょうそ》教育からマスコミ世論へ」という、このメインストリームを、あなたがたは断《た》ち切らなければいけない。その源流の部分を叩《たた》かなければいけないと思うので、やはり、教育のところから行かなければいけないですね。

国の教育に「二宮尊徳《にのみやそんとく》精神」と「乃木精神」を

私らもそうでしょうけれども、今の日本では、そういう軍事において勝った人を、神様扱《あつか》いや英雄《えいゆう》扱いすることを、教育が基本的に否定している。これは日教組的な左翼教育ですね。こういう教育が戦後に始まっているのでしょう?

だから、戦い方は二つです。

一つは、今、少しやっていると思いますが、二宮尊徳《にのみやそんとく》像の復権が始まっているようでございますけれども、まあ、二宮尊徳さんのような「資本主義の精神」を子供たちに教えるというのは、非常に大事なことですよね。

財政赤字の拡大と、バラマキ型で票を買収するスタイルの民主主義政治を終わらせるには、二宮尊徳型の教育を行う必要が、一つにはありますね。

もう一つは、軍事的な英雄を称《たた》える精神です。今は、軍神という言葉が、死語になっているわけですよ。秋山だろうが、乃木だろうが、東郷平八郎《とうごうへいはちろう》だろうが、こういう名前を聞いても、もう感動しないわけなんです。

それどころか、共産党でもないのに『蟹工船《かにこうせん》』を持ち上げて、ほかのところが利を食《は》むような状況になっているわけですね。それがよいのであれば、もう、ロシア革命前夜みたいな状態ですが、どこに、倒《たお》すべきツァーリズムというか、皇帝《こうてい》主義があるのかということです。

「天皇家を倒す」と言っても、実は、天皇家も質素にやっておりますのでね。だから、天皇家も倒せないし、自民党はもう倒してしまったし、倒すものがないので、あとは大企業《だいきぎょう》を潰《つぶ》すぐらいしかありません。

政府としては、大企業を潰して破産に追い込《こ》むことで、そういう「ガス抜《ぬ》き」をするしかない。まあ、日本航空が倒産したりするようなことも、小さな会社で潰れているところなどは、「いい気味だ」と思っているかもしれませんがね。

だから、次なる〝敵〟として、大企業を潰すほうに向かっていくと思いますね。まあ、菅さんの心境には、トヨタを救う気持ちなど、さらさらないでしょうな。ただ、そういうところを救わないということは、「従業員の雇用を護《まも》れない」ということでもあるし、「税収が減る」ということでもあるんだけれども、そこに考えがつながっていかないところが、実におかしいわけです。

やはり、企業家精神によって大企業をつくっていくこと、成功させていくことは大事ですね。「新規企業は、百に一つも成功しない」と言われているなかで戦っている人たちを、支援《しえん》していくことも大事です。

ただ、そういう企業の英雄だけでなく、軍事面で、国を護り、国民を護るために戦った人たちを英雄として称える気風をつくっておくことが、国の発展の基礎《きそ》になるということですね。

一部の特殊《とくしゅ》な人たち、例えば、「児玉《こだま》だ」「大山《おおやま》だ」「秋山だ」と、まあ、いろいろな人々を尊敬することはいいし、明治維新《いしん》の志士を尊敬するのもいいけれども、「時代もの」になってしまっているでしょう？　現代の人になったら、話がコロッと変わるところがありますよね。

現代であっても、国を護り、国民を護るために戦っている人には、やはり、英雄の魂《たましい》が宿っているのだということは、教えなければいけない。

ある意味で、これらはすべて、宗教の守備範囲《はんい》です。そのためには、「宗教の復権」が必要だと私は思いますよ。だから、アメリカ的には、「ベンジャミン・フランクリン精神」だろうし、日本的には、「二宮尊徳精神」だろうし、同時に、また、非常に口幅《くちはば》ったい言い方ではあるけれども、「乃木精神」なのかもしれない。

やはり、「お国のために命を捧《ささ》げることの尊さ」を説かない国の教育というのは、間違っていると言わざるをえないと思いますね。

そういうことを、宗教が言わなければ、いったいどこが言うのですか。だから、宗教は、教育に対してもの申し、改造しなければいけませんね。

今、学校教育を始めておられるのでしたら、それを奇貨《きか》として、教育論をしっかり展開なされることも、政党の仕事の一部だと思ったほうがいい。宗教のほうも、学園や政党などをバラバラに考えるのでなく、やはり、一緒《いっしょ》になって、この国を善転させていく、よい方向へ導いていくということが大事ですね。

皇室を護《まも》るのは、右翼《うよく》ではなく、あなたがたである

今、右翼《うよく》との間に、皇室の扱いなど、いろいろと難しい問題が出てきているようではありますけれども、基本的に、現代の右翼は、残念ながら、われわれのような「戦った右翼」ではないのでね。彼らは、まあ、一種の〝気分を味わっている右翼〟なんですよ。

だから、「心情右翼」というか、そういうエネルギーのはけ口として、なんとな

く右翼をやっているところがあるので、本当の意味で国を護《まも》ろうとする「救国の精神」をお見せすることで、十分に折伏《しゃくぶく》することは可能だろうと思いますね。

乃木希典は、幸福の科学を尊敬しておりますし、大川隆法を尊敬しております。私のように、実際に、数万単位の人を死なせてまで戦《いくさ》を敢行《かんこう》した人間が、あなたの武士道精神に、十分に敬意を表《ひょう》しているわけです。

まあ、皇室を護ってくれるのも、そうした「心情右翼」ではなくて、おそらく、あなたがたであろうと思いますよ。日本が敗戦して、皇室が残れるわけがないでしょう？　日本が外国の植民地になって、皇室を維持できるわけがないでしょう？　皇室を護るのは、右翼ではなくて、あなたがたですよ。

このへんのことを、きちっと言い返せないようではいけないと思いますね。この国が敗れては、皇室を護れませんよ。さらに、「皇室を護る」ということは、「日本の国の、神代《かみよ》の時代からの神道《しんとう》の信仰《しんこう》を護る」ということでもあるのです。これは、宗教として、当然のことですよね。「天照大神《あまてらすおおみかみ》、天御中主神《あめのみなかぬしのかみ》を始め、この国の建国の神々を護る」ということだし、「高天原《たかまがはら》を護る」ということでもあるわけですね。

私は、幸福の科学というのは、左翼とか右翼とかいうものを超《こ》えて、この国と世界を護ろうとしていると思っていますよ。「世界を護る」とか、「外国を護る」とかいうことを売国奴《ばいこくど》風に言う人もいるかもしれないが、幸福の科学は、両方を一致《いっち》させようと努力していると思います。

北朝鮮《きたちょうせん》や中国に関しても、単に敵国視するのではなく、「かの国のなかに生きている人たちを、不幸の呪縛《じゅばく》から解き放ちたい」という気持ちで、正論を吐《は》いているわけですよね。

そういう現時点で票にならないことでも正論を吐いているため、反発や反論が予想されるかもしれない。しかし、人々を救おうとするのは宗教としての義務であるので、本当の意味での正当な宗教というのは、やはり、救国の軍隊と変わらないです。本当にそう思いますね。

したがって、あなたがたは、ある意味での「赤十字精神」も持っていると、私は思いますよ。

黒川　ご指導を賜り、ありがとうございます。私たちは、「乃木精神」ともいうべき、この国を護る精神を、教育の場にも、また、国民のなかにも、打ち立ててまいりたいと思います。

5　乃木希典の「過去世《かこぜ》」を明かすキーワード

黒川　最後に、一問だけお伺《うかが》いさせていただきます。

先ほど、高天原《たかまがはら》の神々、建国の神々という話も出ておりましたが、乃木大将は、やはり、日本を護《まも》ってくださっている神様のお一人ではないかと思います。そこで、乃木大将の過去世《かこぜ》について、もし失礼でなければ、お教えいただければと思います。

乃木希典　うーん。まあ、そういうことを訊《き》いてきますか、この団体は。お好きですね。ハハッ。

まあ、乃木は乃木で、よいような気がするんですけれどもね。まあ、調べたければ、キーワードを一言だけ言っておきますので、それで分かるでしょう。「七回生まれ変わっても、この国を護る」と言った人間だと、言っておきます。それで分かると思いますから、お調べください。（著者注――楠正成《くすのきまさしげ》かと思われる。）

黒川　ありがとうございました。

乃木希典　はい。

黒川　私たち幸福実現党は、今の国難、日本の国防の危機というものを、「乃木精神」によって乗り越《こ》え、必ずや勝利を実現してまいりたいと思います。

乃木希典　あなたの重責もかなりのものですから、しっかりするようにね。後ろの方（松島）が〝悪役〟を引き受けてくださるそうではあるけれども、あなたの打ち出す細かい戦略・戦術等が当たるか当たらないかというのも、かなり大きいところがありますので、やはり、政策に説得力を持たせることが、仕事の一つだと思いますよ。
「ただ、弾《たま》を撃《う》てばよい」というものではなく、説得的、効果的に撃たなければいけないということですね。そこが、これからの言論戦において大事なところですね。

黒川　はい。国家の責任を背負って、頑張《がんば》ってまいります。本日は、ご指導まことにありがとうございました。

第3章

革命思想家の「霊告《れいこく》」

――北《きた》一《いっ》輝《き》の霊言《れいげん》――

二〇一〇年九月十六日　霊示

北一輝《きたいっき》（一八八三～一九三七）

戦前の思想家・社会運動家。佐渡島《さどがしま》出身。旧制中学中退後、早稲田《わせだ》大学の聴講生《ちょうこうせい》となり、独学で『国体論及《およ》び純正社会主義』を著《あらわ》す。その後、中国同盟会に入党し、中国の革命運動に参加。一九二三年に刊行した『日本改造法案大綱《たいこう》』は、青年将校に大きな影《えい》響《きょう》を与《あた》え、右翼《うよく》の黒幕的存在となるが、「二・二六事件」の理論的首謀者《しゅぼうしゃ》として処刑《しょけい》された。過去世《かこぜ》は、アーラーラ・カーラーマ（釈尊《しゃくそん》の時代のヨガ仙人《せんにん》）、張角《ちょうかく》（後漢末《ごかんまつ》に起きた太平道《たいへいどう》の教祖）。

質問者

里村英一《さとむらえいいち》（宗教法人幸福の科学広報局長）

立木秀学《ついきしゅうがく》（幸福実現党党首）

［役職は収録時点のもの］

1　北一輝《きたいっき》の「本心」を探《さぐ》る

「国家社会主義者」であり「霊能者《れいのうしゃ》」でもあった北一輝《きたいっき》

大川隆法　昨日は、日露《にちろ》戦争の英雄《えいゆう》の霊言《れいげん》を二人ほど収録し、秋山真之《あきやまさねゆき》および乃木《のぎ》将軍から、軍事的な観点での防衛論をお聴《き》きしました。

日露戦争は、かろうじて日本が勝った戦いではあったのですが、そのあと、昭和期に入ると、やや暗い時代になっていきます。ちょうど、アメリカの大恐慌《だいきょうこう》の煽《あお》りを受けて、日本でも昭和の大不況《だいふきょう》が始まるころです。

日本は、その不況を何とか打開しようとして、資源の確保等のために満州《まんしゅう》方面へ進出したのですが、それに対して、今度は、「欧米列強《おうべいれっきょう》から、ＡＢＣＤ包囲陣《ほういじん》をつくられる」というようなこともありました。今の北朝鮮《きたちょうせん》のような立場に少し近かったかもしれません。

そうした戦前の暗い谷間のような時代に、いろいろな宗教も起きています。そのころには、「日蓮《にちれん》」を名乗る者も数多く出ておりますが、真偽《しんぎ》のほどは分かりません。仏教のなかでは、日蓮宗が国難に対する警告を発したり、国防に関する意見を言えたりする宗教であることも関係があるのかもしれませんが、いろいろな所に数多く出たようです。

さて、本日は、北一輝《きたいっき》という方の霊言を考えています。昨日の霊言と合わせて、「これも検討の余地あり」と見ております。

北一輝は、「戦前の国家社会主義者」と定義されていますが、この国のあり方を変えようとした方の一人ではないかと思います。

一般的《いっぱんてき》には、「右翼《うよく》」として知られていると思うのですけれども、ドイツのナチス党も国家社会主義の政党ですから、ある意味で、右翼も左翼も似たところがあるのではないかと私は思っています。

彼は、『日本改造法案大綱《たいこう》』を出して、日本の国を変えようとしたようです。そして、「日蓮主義を背景に、純粋《じゅんすい》な軍国主義のようなものを進めようとした。その過程で、二・二六事件に引《ひ》っ掛《か》かって処刑《しょけい》された」というのが、北一輝の人生だったのではないかと思います。

ただ、『日本改造法案大綱』等の本が出て、その後、いろいろな人に影響《えいきょう》を与《あた》えたことは事実です。

戦後、首相になった岸信介《きしのぶすけ》なども、北一輝の本を読み、薫陶《くんとう》を受けるために直接会いに行っています。

大本教《おおもときょう》の教祖・出口王仁三郎《でぐちおにさぶろう》も、北一輝に会っているようです。大霊能者《だいれいのうしゃ》と思われる出口王仁三郎ですら、北一輝と会ったときには、そのあまりの霊威《れいい》というか、霊的な権威のようなものに打たれてしまったそうです。あの豪快《ごうかい》かつ、剛毅《ごうき》な出口王仁三郎が、尻尾《しっぽ》を巻いて逃《に》げて帰ったらしいので、それほど怖い人であったのでしょう。

したがって、おそらく、北一輝は、ある種の霊能者であったと推定されます。予知能力などの霊能力を持っていたと思われます。

晩年は、「霊告日記《れいこくにっき》」というものも付けていたようです。「霊が告げる日記」です。いろいろな霊が見えたり、霊の声が聴こえたりしたようであり、「奥《おく》さんのほうにも、霊媒《れいばい》ができる能力があった」とも言われています。そのように、霊界《れいかい》との交流がいろいろとあった方であり、スウェーデンボルグに似た面も少しあったように見えます。

また、「北一輝本人は、『日蓮の霊に指導されていた』と思っていたのではないか」と思われる節もかなりあります。

幸福の科学の邪魔《じゃま》をする右翼《うよく》団体と北一輝の関係とは

今、当会が政治運動で、街宣などをしていると、共産党系の街宣車がときどき邪《じゃ》魔《ま》をしに来たりすることはあるのですが、今年あたりからは、北一輝が後援者《こうえんしゃ》の一人ではないかと言われている右翼《うよく》の比較的《ひかくてき》大きな団体から、だいぶ街宣をかけられているようです。

主たる理由は、皇室不敬罪のようなことでしょう。私の試案した憲法（『新・日本国憲法 試案』〔幸福の科学出版刊〕参照）を見て、「天皇についての条文を第一条ではなく、第十四条という後ろのほうに持ってきたことが許せない」というようなことを言っています。

また、「霊言が本物だと思えない」と言っているかと思えば、私が『保守の正義とは何か』という本を出したあとからは、急にほめ殺し風のことを言い始め、「街のみなさん、幸福の科学の信者になりましょう」というようなことを言って、街宣しているそうです。

この団体は、北一輝が後援者であったようです。北一輝や、外務大臣、東京市長などを務めた後藤新平《ごとうしんぺい》あたりが後援者だったらしいので、このへんも少し気になるところではあります。

あるいは、何らかの方向づけをして、「彼らがやりたかったような方向に当会を持っていこうとしているのかもしれない」という印象も少しあります。

自動書記で書かれた『太陽の法』の記述を検証する

『太陽の法』（幸福の科学出版刊）の第6章には、一九九四年に発刊した改訂版《かいていばん》で大幅《おおはば》に書き換《か》えたところがあります。

そのなかには、「ＧＬＡの創始者である高橋信次《たかはししんじ》は、生前、釈迦《しゃか》の生まれ変わりを名乗って活動していたけれども、生前、彼を指導していたのは、実は、釈迦が成道《じょうどう》する前に一時期身を寄せたアーラーラ・カーラーマというヨガの行者《ぎょうじゃ》であった。高橋信次の周りに出ていた人も、アーラーラ・カーラーマの弟子《でし》が多かった」というようなことが書いてあります。

さらに、「アーラーラ・カーラーマが、後漢末《ごかんまつ》、三国時代の始まりのときに、黄巾《こうきん》の乱《らん》を起こした張角《ちょうかく》という霊能者兼《けん》教祖として生まれ変わり、その後、北一輝として生まれ変わっている。この北一輝の意識が、生前の高橋信次のなかに入って、創価学会を激しく批判していた」というような記述があります。

このあたりに関しては、ほとんど自動書記で書いたものであるため、私も個別の霊査《れいさ》が十分にはできておりません。

最近、『太陽の法』の創世記に当たる部分について、いろいろと調べておりますが、このあたりの記述も正確なのかどうか検証しなければいけないと感じています。

おそらく、GLAという団体では、「高橋信次は、釈迦の意識でもって、創価学会の仏教として間違《まちが》ったところを批判していたのだ」というように理解していると推定されます。したがって、「右翼主義的な日蓮宗から見て、創価学会が平和主義や親中国のようなことを言っているため、批判していた」というような捉《とら》え方については、納得しないのではないかと思われます。

今、北一輝という方は、何らかの意味で、ミステリーポイントの一つであるという感じがします。

昨日あたりから、この人の姿が見えるのですが、「本心では何を考えているのか」「何を狙《ねら》っているのか」「当会とどういう関係があるのか」ということを探《さぐ》る必要があります。

「幸福の科学」と「右翼《うよく》」の違《ちが》いを霊的《れいてき》に分析《ぶんせき》する

一般の人から見たら、幸福の科学と統一協会、大川隆法と文鮮明《ぶんせんめい》の違《ちが》いがよく分からないようです。そのようなレベルであれば、国防や軍事的なことを中心に言っていると、おそらく、北一輝などの日蓮宗系の右翼《うよく》主義の考え方と、大川隆法、すなわち幸福の科学・幸福実現党との違いは、そんなに分からないかもしれません。一般の人から見ると、その違いが分からないため、同じものだと受け取られているかもしれないのです。

また、そうした右翼の団体が街宣をかけてきたのは、近親憎悪《きんしんぞうお》的なものを感じているからかもしれません。自分たちがやりたいようなことを、当会がやろうとしているため、警戒《けいかい》しているところもあると思うのです。

したがって、彼らと同じか同じでないか、違うか違わないか、資料として調べてみる必要があるし、もし、当会に何か踏《ふ》みはずしているようなところがあれば、考え方を改めなければいけないと思います。

秋山真之や乃木将軍は、もちろん戦争をしたわけですけれども、彼らの考え方と、「二・二六事件」を起こしたような国家主義的な考え方は同じものなのか、違うものなのか。このへんの背景を霊的《れいてき》にも分析《ぶんせき》してみる必要があると思っています。

その意味で、今回の霊言は、幸福の科学の基本教義にもかかわりますし、政治運動にもかかわるものです。

この人は、そういうミステリーポイントの部分にいるような気がしてなりません。

本日は、質問者の方々に、そのあたりの真実を頑張《がんば》って探っていただければと思います。

ただ、私には、昨日から北一輝の姿が見えていますし、今朝も明け方ごろからずっといらっしゃいます。朝、本の原稿《げんこう》を校正していたのですが、なかなか待ってくだらないような感じで、「何かしゃべらせてほしい」というような念《おも》いがだいぶ来るのです。

ほかの教祖の霊などの場合、こういうことはあまりなかったので、十分に「本心」や「狙い」の部分を見極《みきわ》める必要はあると考えています。

前置きとしては、そんなところです。

将来的には、当会の政治運動が同じようなものに見られる可能性はあります。つまり、「霊能者が、国粋主義的、軍国主義的なことを言って、軍部の独走をけしかけている」というように見られる可能性はありますので、いちおう、十分に、宗教的な意味づけと判定をしておく必要があると思います。今回の霊言は、そういう趣旨でありますので、その点はよく理解してください。

北一輝は、「出口王仁三郎が逃げ出した」というぐらいの方ですから、霊的なパワーをそうとう持っている可能性はあると思います。

これから呼んでみますけれども、久しぶりにまたお見苦しい面が出るかもしれませんので、そうなった場合はお許しください。

時間は限られていますが、とにかく正体がはっきり分かるまでは、突《つ》き止めてみたいと思っておりますので、よろしくお願いします。

2 今、北一輝の霊《れい》はどのような状態にあるか

（約五秒間の沈黙《ちんもく》。一回、深呼吸をする）

大川隆法　北一輝の霊《れい》よ、北一輝の霊よ、幸福の科学総合本部に降りたまいて、われらに「霊告《れいこく》」をしたまえ。

北一輝の霊よ、北一輝の霊よ、幸福の科学総合本部に降りたまいて、われらに「霊告」をしたまえ。われらに意見を述べたまえ。

われらに、あなたの考えを明らかにしたまえ。われらに述べたいことがあるならば、その旨《むね》を明確にお伝えいただきたく、お願い申し上げます。

北一輝の霊よ、北一輝の霊よ、幸福の科学総合本部に降りたまいて、われらに、

あなたの考えを述べたまえ。

（約二十秒間の沈黙）

北一輝　フン、フン、フン、フン、ウゥーン。

里村　北一輝先生でいらっしゃいますでしょうか。

北一輝　ウゥーン、ウゥーン、ウゥーン、ウン！

里村　北一輝先生、お話をさせていただいてよろしいでしょうか。

北一輝　うーん？

里村　ありがとうございます。

北一輝　うん。

里村　私は、幸福の科学広報局の里村と申します。

北一輝　うーん。

里村　戦前、私と同郷の新潟《にいがた》にお生まれになり、日本に大きな影響《えいきょう》を与《あた》えた天才思想家と言われる北一輝先生から、直接、お話を賜《たまわ》る機会をいただきましたことを、心より感謝申し上げます。

北一輝　うーん。うん。

里村　よろしくお願いいたします。

北一輝　うーん。

里村　今、北先生は、どのような状態でいらっしゃるのでしょうか。どのような世界におられるのでしょうか。

北一輝　ああっ？　状態？

里村　はい。どのような状態でいらっしゃるのでしょうか。

北一輝　君、死刑《しけい》にされて、そんなに気分がいいわけないだろうが。

里村　「死刑にされた」という認識はおありですか。

北一輝　ああ、あるよ。

里村　そのあとは、どのような世界におられますか。

北一輝　うーん？

里村　死刑になったあと、どのような世界におられるのでしょうか。

北一輝　難しい言い方をするなあ。

里村　はい。

北一輝　新潟には住んでいないよ。新潟にはね。
まあ、私の本来あるべき所を、求め求めて数十年。あるべき姿、あるべき所を、ずっと探しておるんだがなあ。
日本の生んだ逸材《いつざい》をこの国は使い切れなかった。まことに無念、残念であるので、どこか、しかるべきよい所を居場所に定めて、「成し遂《と》げられなかった偉業《いぎょう》を成し遂げたい」と思っておるところだ。

里村　本来あるべき世界、あるべき場所というのは、どのような所でしょうか。

北一輝　やはり、この日本の国を根本《こんぽん》から改造せねばならんからね。だから、政治にかかわらなければならないし、また宗教的な理解もなければならない。そういう場所に本拠《ほんきょ》を置くべきかなと思っている。

3 日蓮《にちれん》との関係について

生前、「日蓮《にちれん》の生まれ変わりではないか」と思っていた

里村 生前、北先生は、『法華経《ほけきょう》』を熱心に唱えておられました。

北一輝 うーん、そうだな。

里村 と同時に、日本の国家の改造を考えておられました。

北一輝 そうだな。

里村　やはり、そのような宗教と政治へのかかわりという考え方を、今も基本的にお持ちなのでしょうか。

北一輝　うん、うん。まあ、それは、君、『法華経』をいちばん愛したのは、日蓮《にちれん》であろうからなあ。

昭和前期の軍事的危機のなかにある日本にとっては、日蓮の思想が「救済の法」になるだろうと思っておったよ。〝蒙古襲来《もうこしゅうらい》〟の備えになるのは、やっぱり、日蓮的な宗教と政治運動が連結したものだと思っておったからね。

そういうことで、純粋《じゅんすい》なる宗教と純粋なる愛国の思想を連結させて、この国を、国粋主義的で純粋な国家に改造したかった。穢《けが》れた政治家どもによる国家運営であったので、こういう蛆虫《うじむし》どもを退治し、そうした純粋な国家をつくらねばならんと思っておったがな。

里村　はい。政治の面については、またあとでお伺《うかが》いさせていただきます。

北一輝　ああ、そうか。

里村　北先生が非常に独特なのは、単なる思想家ではなくて、宗教的側面をお持ちであるところだと思います。

北一輝　うーん、そうだなあ。

里村　生前、北先生のあまりの影響力《えいきょうりょく》の強さに、「魔王《まおう》である」と評した方もおられました。また、大本教《おおもときょう》の出口王仁三郎《でぐちおにさぶろう》も霊能者《れいのうしゃ》でしたが、北先生の霊力に怯《おび》えて逃《に》げたという話も伝わっております。

北先生は、実際に、そのような霊能力をお持ちだったのでしょうか。

北一輝　うん、そうだよ。予知能力もあったし、ある種の霊視《れいし》能力もあったし、霊の声が聞こえる霊聴《れいちょう》もあったしな。自動書記のようにペンが走って字が書けることもあったので、本来は宗教家になってもよかったとは思う。宗教と政治の両方にわたった魂《たましい》であったのかなあ。

わし自身、ほんとは、「自分が日蓮《にちれん》ではないか」と思ってたことも多かったんだがな。「日蓮の生まれ変わりかな」と思ってたことが、実は多かったな。だから、この国を救わなきゃいかんのかなあと思ってたな。

里村　それは、実際に、日蓮聖人《しょうにん》から「お告げ」があったのでしょうか。北先生は、生前、「霊告日記《れいこく》」というものを書かれていましたが、「日蓮聖人からの『霊告』があった」と理解してよろしいでしょうか。

北一輝　うーん、まあ、そのへんは、あんたがたの理屈《りくつ》なので、よくは分からないんだけどねえ。だから、守護霊だとか、本体だとか、分身だとか、いろんな理論があって、よくは分からないんだが、自分が日蓮の使命を帯びているようでもあり、鎌倉期《かまくらき》の日蓮が自分に乗り移って、何かをしようとしているように感じたところもあり、ということだ。

正直に言えば、このへんは明確には分からなかったけれども、方針的には、そんな感じのものを受けてはおったなあ。

新宗教の道に入らなかったのは、国家経営に関心があったため

里村　北先生の故郷《こきょう》である新潟県《にいがたけん》の佐渡島《さどがしま》の郷土博物館に、北先生の『霊告日記』、いわゆる『北日記』が展示されています。「奥様《おくさま》にも霊能力があった」ということですが、それは、奥様の霊能力によって書かれたものであると同時に、北先生ご自身の霊能力によって書かれたものでもあると理解してよろしいのでしょうか。

北一輝　うん、うん。今、あんたがたは、新宗教の教祖の霊言を録《と》っておるようだな（『宗教決断の時代』『宗教イノベーションの時代』〔幸福の科学出版刊〕参照）。戦前期には、霊友会《れいゆうかい》だとか、立正佼成会《りっしょうこうせいかい》だとか、創価学会だとか、日蓮宗系の新宗教がたくさん起きているけれども、わしも、そういう道に入ることは可能であったとは思う。
まあ、若干《じゃっかん》、頭がよすぎたのでねえ。国家経営のほうに関心があったので、ちょっと、宗教家として大成するほうには入り切らなかったかな。アハハ。

里村　私は、北先生の故郷である佐渡島に何度も行っておりまして、日蓮聖人が流された佐渡島のゆかりの寺を訪問したこともあります。
やはり、「佐渡という所で、日蓮聖人とのご縁《えん》ができた」と理解してよろしいのでしょうか。

北一輝　そんな、土地が、全部、関係するっちゅうことはない。わしは地縛霊《じばくれい》じゃないんでなあ、君。アハッ。

佐渡島で日蓮に憑依《ひょうい》されたわけじゃないぞ。そんなレベルの低い宗教理論に引《ひ》っ掛《か》かるほど、甘《あま》い人間じゃないから、相手をよく見て、ものを言うんだな。いいかい？　アハハハ。

まあ、わしは「この国をどうしようか」と思うような人間であったのでな。そういう、「霊が降りてくる」というだけの問題じゃないんだ。「わしの天才をして、この国を救えるかどうか」という問題であったのでなあ。

4 『太陽の法』で明かされた「過去世《かこぜ》」について

過去世《かこぜ》の張角《ちょうかく》も、「霊能者《れいのうしゃ》」であり「革命家」であった

里村　もう一点、宗教的方面の話をお伺《うかが》いします。

幸福の科学の基本書と言われる、大川隆法総裁の『太陽の法』という本があります。このなかで、北一輝先生の過去世《かこぜ》は、お釈迦《しゃか》様の時代のヨガ行者《ぎょうじゃ》、アーラーラ・カーラーマであり、さらに、中国の三国時代の幕開けを告げた、黄巾党《こうきんとう》の頭領、張角《ちょうかく》であったと書かれています。

このような過去世が明かされているのですが、ご本人から見ていかがでしょうか。

北一輝　うーん、あんまり、いい印象ではない出し方ではあるなあ。もうちょっと、

いいのを出してくれてもよかったかも……。

里村　ただ、張角は、民衆救済などを熱心になされた方でもあります。

北一輝　まあ、霊能者《れいのうしゃ》・超能力者《ちょうのうりょくしゃ》であって、民衆を扇動《せんどう》して革命を起こそうとしたから、三国時代の幕開けを告げる革命家であったことは事実かもしらんなあ。そのあとは武将の戦いになっていったがね。

中国というところは、宗教を恐《おそ》れておるんだよ。君らも、今、困っておるだろう。まず、宗教から反乱が起きるんだ。わしでなくても、弥勒菩薩《みろくぼさつ》の生まれ変わりと称《しょう》する者がいつも出てくるんだな。そういう「『救済仏・未来仏である弥勒が生まれ変わった』と称して、反乱を起こす」ということの繰《く》り返しだな。

太平天国《たいへいてんごく》の乱などもそうだったと思うが、それ以前も、革命が起きるときには、弥勒の生まれ変わりと称する人がいっぱいいてな。まあ、そういう革命思想はあったな。

そのとき、何らかの超能力を見せなければ、民衆がついてこないんだよ。民衆の革命を起こさなければいけないんでね。それを昭和期の日本にも起こしたかったんだが、軍部が全部は引っ繰り返らなかった。

超能力についても、わしの修行《しゅぎょう》が足りなくて、銃弾《じゅうだん》を空中で止めるだけの超能力がまだ開発できてなかったね。やっぱり、もうちょっと修行に励《はげ》んで、銃弾がそれるぐらいの超能力を身につけないと、軍隊相手には大変だな。

里村　しかし、張角のときには、「一般《いっぱん》民衆の反乱軍が後漢《ごかん》の軍隊を破る」という大変な力を発揮されました。

北一輝　まあ、そうだな。中国みたいな大きな国で革命を起こすのは大変なことだろうから、革命の指導者はたいていは殺される運命ではあるがな。

革命というのは、神がかってないと起こせないものだ。そういうことを、昭和初期に、もう一度、起こしてみたかったんだなあ。日蓮宗《にちれんしゅう》系との連動で、もう一段、国家の純粋化《じゅんすいか》を行いたかったね。

「満蒙《まんもう》支配」を目指した理由

その当時、日本は不況《ふきょう》で苦しんでおったけれども、それは国家の経営と大企業家《だいきぎょうか》等の経営が悪かったからだ。それで民衆も苦しんでいたのでね。

それを救済する意味でも、「軍事的拡張主義で、日本の生命線を確保しなくてはいけない。資源を押《お》さえよ」ということを訴《うった》えたわけだ。まあ、ほかにも仲間はいたかとは思うがな。そういうことで、「満蒙《まんもう》支配への道を理論的に布教《ふきょう》しよう」とは思っていたけどもね。

今では、それは侵略主義として、否定されておるのだろうけれども、やっぱり、満州《まんしゅう》は取っておいたほうがよかったね。あれを取っておいたら、中国の首根っこを押さえられるのでね。あそこを押さえておけば、中国の首根っこと、朝鮮《ちょうせん》半島の両方を押さえられるので、今みたいな不幸は起きていないよ。

要するに、中国を北から牽制《けんせい》するのと同時に、北朝鮮から韓国《かんこく》に向けて、朝鮮半島を挟《はさ》み撃《う》ちのかたちで押さえられるので、あそこは軍事的には非常に重要な所だったな。

さらに、「ロシアの南下も止められる」という意味でも、満蒙というのは、やはり、押さえておかなければいけない所ではあったな。

あそこを押さえておきさえすれば、中国に共産主義革命が起きて、何十年かの間に、人民が何千万人も殺され、不幸な目に遭《あ》うことはなかったであろうから、先の大戦の結果は、残念だったな。

里村　ですから、私は、『日本改造法案大綱《たいこう》』を書かれた北先生には、大変な先見の明があられたと思っております。

北一輝　うん。でも、日本に経営してもらえば、中国はもっといい国になっただろうよ。

里村　ええ。

北一輝　そうすれば、台湾《たいわん》や韓国が繁栄《はんえい》しているように、中国も、もっと早く繁栄して、人々はあんなに苦しまずに済んだだろう。

アメリカが間違《まちが》えて、共産主義の国を助けてしまったんだ。あんな、ソ連とか、中国とかを、戦後、あそこまではびこらせて、冷戦を起こし、長い長い戦いをやった。無明《むみょう》だな。

マッカーサーは軍人としては優秀《ゆうしゅう》だったのかもしらんけれども、政治家としては優秀ではないな。日本がやろうとしたことを十分理解してなかったな。

だから、日本に任せておけばよかったんだよ。そうすりゃあ、戦後の悲劇は防げたよ。北朝鮮もあんな状態にはなっていないし、毛沢東《もうたくとう》革命から文化大革命までの中国の悲劇はなかったね。

日本が中国を占領《せんりょう》したとしても、いずれ、台湾と同じく繁栄は来たであろうからね。だから、あれは、アメリカがやりすぎたように思うね。と言うか、ドイツが弱すぎたな。ハッハ。

里村　今の見解は非常に興味深いのですが、「中国に対して、どうするか」ということは、次の質問者からお伺いしたいと思います。

5 「裏側」の世界を語る

創価学会は「国を売る団体」である

里村　先ほど、北先生は、「生前、日蓮的《にちれんてき》な力を発揮して、日本改造を成し遂《と》げたかったが、成し得なかった」と言われました。

残念ながら、北先生は「二・二六事件」に関係して死刑《しけい》になられたわけですが、その後、「GLAという団体の高橋信次《たかはししんじ》氏を霊界《れいかい》から指導するかたちで、『人間・釈迦《しゃか》』という本を書かせた。あるいは、高橋信次氏の創価学会批判を指導した」という話が『太陽の法』にございます。こういった点は事実でしょうか。

北一輝　うーん（舌打ち）。うーん……。まあ、創価学会については、「国を売る団体」と認定はしていたよ。

里村　国を売る団体？

北一輝　うん。亡国の団体だな。

里村　はあ。

北一輝　だから、日蓮宗を使い、中国に対して、国を売り渡《わた》そうとしている団体だとは見ていたよ。日中国交回復を自分たちの団体の手柄《てがら》にして、宣伝に使っているからね。日蓮主義を使い、日本の左翼《さよく》主義化を推《お》し進めている。

今、植民地化の恐《おそ》れが出てきてるんだろ？　そういうことにつながるにもかかわらず、中国との接近を進め、日蓮宗を国を売る方向に使ったということは、やはり、許しがたいことだわな。

本来、日蓮宗というのは、国を護《まも》るためのものだ。攻《せ》めてくるものから国を護る。国防というか、「日本国を護らなければならない」という非常に純粋《じゅんすい》な考えを根本《こんぽん》に持っている。

ところが、創価学会はその反対で、国を売る宗教だわなあ。

その意味で、ＧＬＡとは限らんけれども、チャンスがあれば、いろんなところで批判はやっているよ。ＧＬＡだけではないんだ。実は、立正佼成会《りっしょうこうせいかい》や霊友会《れいゆうかい》、ほかにも『法華経《ほけきょう》』系の団体はたくさんあるから、チャンスがあれば入っていって、私が創価学会批判の火を点《つ》けて回っている。

里村　ああ、そうでございましたか。

北一輝　うん、うん。日蓮宗系というか、『法華経』系なら入れるので、いろんなところでやっている。

高橋信次《たかはししんじ》やヒトラーも「魔法《まほう》使い」仲間だ

里村　なぜ、ＧＬＡの高橋信次《たかはししんじ》を指導されたのかと思っていたのですが。

北一輝　うーん、まあ、仙人界《せんにんかい》の仲間みたいなものなんでね。あれも、仙人界っちゅうか、魔法《まほう》使いの仲間だからね。

里村　霊界でも、すでに面識があったのですか。

北一輝　ああ、霊界でも仲間なんだよ。だから、同じような仕事をしてるんだよ。

里村　もともとでございますか。

北一輝　ああ、もともと同じような仕事をしている仲間なんだよ。

里村　魔法界なのでしょうか。

北一輝　まあ、あんたがたで言やあ、（司会と質問者を指して）こんな、仲間みたいなもんだ。

里村　ええ。

北一輝　まあ、こんな感じなんだよ。高橋信次と俺《おれ》とは仲間なんだよ。

里村　もしかしたら、黄巾党《こうきんとう》のときに、張角《ちょうかく》の弟であったとか。

北一輝　ハハハハハ。君、なかなか、頭いいじゃねえか。

里村　いえいえ。

北一輝　ええ？　頭いいな。ハッハッハッハッハ。そうだな。弟がいたね。

里村　みな、超能力《ちょうのうりょく》を持っていました。

北一輝　ああ、そうだね。そんなふうに、人様のことをあれこれ言うと、疑問が膨《ふく》らむこともあろうから、あんまり言いすぎないほうが賢明《けんめい》かもしらんけどな。でも、仲間なんだよ。

先ほどの大川総裁の説明で、「ナチスのヒトラーも国家社会主義者を名乗っていた」というようなことが聞こえたけど、実は、あれも仲間なんだよ。ヒトラーも魔法使いだからさ。

里村　ヒトラーですね。

北一輝　まあ、ドイツだけどな。ゲルマンの魔法使いだけどさ。仲間なんだよ、みんな。

里村　ヒトラーのほうは、霊的には、ゲルマンの森の黒魔術ですが、北先生は、魔法界のなかの、どのような世界におられますか。

北一輝　まあ、わしのクラスになると、君ら下々《しもじも》の者には分からない世界であって、もう、善悪を超《こ》えとるんだな。

君らは、「魔法使い」というと、すぐ、「黒魔術だ」「白魔術だ」と考えるんだろ？　「黒魔術は、人を呪《のろ》い殺したりする悪い魔術で、白魔術は、人の幸福を願う魔術だ」などと考えるのは、下のほうの魔法使いの世界さ。上のほうへ行くと、もう、善も悪もないんだよ。両方持ってるんだ。もとは一つだからね。

超能力《ちょうのうりょく》抜《ぬ》きでは人を導けない？

里村　その魔法使いの世界というのは、何を目的としているのでしょうか。

北一輝　ん？　何を目的に？

里村　はい、価値観とか……。

北一輝　基本的には、わしらが超能力《ちょうのうりょく》を使わなければ、この世の人たちは唯物論《ゆいぶつろん》に染まってしまうだろう。「この世は住みよい世界だ」と思って、執着《しゅうちゃく》してしまうところがあるんでね。

だから、ユートピア運動はよろしいんだけれども、やっぱり、霊的な覚醒《かくせい》を伴《ともな》うユートピア運動でなければいけない。そうしないと、間違《まちが》う恐れがあるんでね。

そういう意味で、あんたがたが魔法使いをなくそうとしたって、そりゃ、なくならないよ。

今、映画では、「ハリー・ポッター」が世界中に非常に広がってるが、キリスト教会は困っているだろうよ。あれは、どう見たって、ゲルマンの宗教だわな。

里村　ええ。

北一輝　あれは、征服《せいふく》される前のスコットランド辺りにあった魔法使いの古代宗教だわな。あえて言やあ、ドルイド教かなんかの仲間だろう。スコットランドのドルイド教や、ドイツの森のゲルマンの魔術師など、そんなのは、みな、つながってるからね。

中国にも、仙人・天狗界《てんぐかい》、魔法界など、巨大《きょだい》な霊界がある。特に魔法界はアラビア半島にもあって、魔法使いがとてもたくさん住んでいるので、シェアはかなり大きいんだよ。

君らは、すぐ、「表側・裏側」というように考えるけど、そんな簡単なものじゃないんだよ。表側にも、現実には魔法使いはいっぱいいるわけでね。

だから、君ねえ、超能力抜《ぬ》きにして、文字の教えだけで人を導けると思ったら、それは間違いだよ。そんなことはありえないわ。うん。それはない。

出口王仁三郎《でぐちおにさぶろう》も似た所にいるが、あいつは「脇《わき》が甘《あま》い」

司会　出口王仁三郎《でぐちおにさぶろう》さんは、同じ世界にいらっしゃらないのでしょうか。

北一輝　まあ、似た所にはいるがな。あいつは、ちょっとお人好《よ》しでなあ。出口は、ちょっとお人好しだから、脇《わき》が甘《あま》いな。うん。脇がちょっと甘いわ。

司会　日本の霊界とは、あまり交流はないのでしょうか。

北一輝　いや、今は日本人だから、日本霊界が最近の足場ではあるよ。だけど、霊界は世界につながってるからね。

司会　出口王仁三郎さんは、日本の裏神であると認識していたのですが。

北一輝　まあ、出口は出口で、あれだよ。「世界の魔法界を束ねよう」と、目論《もくろ》んでおったのさ。

やつはやつで世界計画をつくっておったんだけど、わしが「甘い」と言うたんだ。

あいつのは夢物語のファンタジーだからさ、「君は、法律や経済、政治を知らない。現実を知ったうえでやらないといかん」ということを言ったわけだ。やつは、ちょっとばかげているのでな。

司会　今、あなたが住んでおられる世界と、出口王仁三郎さんの世界は、何か違いがあるのですか。

北一輝　うーん。まあ、あちらは教団になったからね。教団になったという意味では有名だから、「出口王仁三郎」対「北一輝」だと、どうかねえ。あっちの神道《しんとう》は、まだ生き残っておるからねえ。公称《こうしょう》十何万人かな？　実際は、そんなにはいないかもしれないけれども、いくらかはいるだろうよ。京都の辺りを中心に、ちょっとはいるね。教えなんて、もうほとんどないだろうけど、昔の信者みたいなのが、ちょっとは生き延びているかな。

あっちも警察に弾圧《だんあつ》されたよね。ダイナマイトで本拠《ほんきょ》を爆破《ばくは》されたから、わしと似たようなもんだ。

司会　どちらかというと、高橋信次さんのほうが近い関係にありますか。

北一輝　うーん。まあ、出口はお人好しで、ちょっとパーだからさ。でも、高橋信次は最近の人じゃないか。

司会　はい。

北一輝　ごく最近の人だな。このへんは、みんな仲間だよ。みんな仲間だ。だいたい、似たような所から出てきてる。多少、才能に差があるから、自分の才能に合った仕事をしてはおるけどね。

中国の道教は、インドのヒンズー教、日本の神道《しんとう》に相当する

司会　そうしますと、中国の道教の世界との違いは何でしょうか。

北一輝　君、そうは言っても、道教は奥《おく》が深いからね。中国では、道教も数千年の歴史があって、数多くの巨大霊能者をなかに抱《かか》えておるし、日本的に言えば、高《こう》僧《そう》・名僧に当たるような方が数多くいる。あんたがたは知らないだろうが、そうとうの数がいるんでね。

道教を一言で語るのは難しいよ。これはインドで言えば、ヴェーダを中心としたヒンズー教だ。仏教よりももっと前だよな。八千年もの歴史がある。バラモン教からヒンズー教になって、今、九億人の信者を持っている。だから、「バラモン教、ヒンズー教の歴史を語れ」と言ってるようなもので、その間には、もう数千、数万の宗教指導者が出てはいるわな。

ヒンズー教は、仏教が大きな勢力を持ったことで、バラモン教に革新運動が起き、変化していったものだな。仏教を乗り越《こ》える運動によってそうなった。

それは、日本で言やあ、日本神道《しんとう》に当たるものだな。

だから、道教は、日本における日本神道に相当するし、インドにおけるバラモン教、ヒンズー教に相当するものだ。

道教と儒教《じゅきょう》は非常に争っている仲だけども、道教のほうが習俗《しゅうぞく》に密着している。そういう意味では、あんたがたの教えでは、「儒教と日本神道が連動している」というような言い方をしてるけども、若干《じゃっかん》は合ってるが、若干は違ってるかな。

道教は生活に密着している部分がそうとうある。伝統宗教と一体化している。こうした道教の流れは、日本で言うと、仏教伝来以前の古代の宗教が、山岳《さんがく》宗教の修《しゅ》験道《げんどう》などに変化してきた流れと似ているかな。

儒教はきれいごとを並べるからね。それを取り入れている神道の神々の教えを「表側」と称しているんだろうけれどもね。まあ、いろいろ流派はあるさ。

道教にも「表」と「裏」があるのか

司会　大川総裁の著書のなかでは、「道教にも表と裏がある」と書かれています。

北一輝　そんな簡単なものではないけどさ。

道教は、黒と白の二元対立式で表わされる。単純に言えば、碁石《ごいし》の黒と白と同じで、「世の中は、二元対立で出来上がっている」という思想を持っておる。

また、道教というのは、ほんとは、この世における発展の思想を認めていないんだよ。

電気にプラスとマイナスがあるように、白があれば黒があり、黒があれば白がある。光あれば闇《やみ》あり、闇あれば光ある。豊かさがあれば貧しさがある。こういうふうに、「バランスが取れていて、トータルは同じ」というのが、道教の基本的な考えだな。

司会　分類すると言ったら失礼ですが、「張角は裏道教のほうに入る」ということでしょうか。

北一輝　うーん。道教に裏表があるかねえ。そうかねえ。

司会　老荘《ろうそう》思想が「表」だとすれば……。

北一輝　たぶん、この世に生きていたときに、非常に迫害《はくがい》を受けたり、悲惨《ひさん》な感じになったり、信者が皆殺《みなごろ》しになったりするような悲劇性の強い結果になった者を「裏」と言っていて、「ある程度、この世的に成功を収めた」というか、そういうかたちで名前が遺《のこ》ったような者を「表」と称してるんじゃないかねえ。

里村　老子や荘子は「表」ということですね。

北一輝　うん。そう、そう。この世的に成功して名前が遺った者を「表」と称し、悲惨な結果や反乱みたいなかたちに分類される者を「裏」と呼んでいるだけだ。ま、結果論だな。

これで言やあ、イエス・キリストも「裏」だわな。はっきり言えば、〝裏のキリスト教〟か？　でも、彼がつくったんだから、〝裏のキリスト教〟という言い方は間違いかもしらん。〝裏ユダヤ教〟がキリスト教だな。

司会　ただ、当会の教えによりますと、「超能力志向であるのか」「心の教えが入っているのか」ということが、表裏を決めるいちばん大きな違いだと思うのですが。

北一輝　でも、両方、否定はできないよ。やはり、神様は超能力を使って、この世をつくり、統《す》べておられるのでね。だから、それは否定できない。

それに、超能力信仰《しんこう》を持っている人は、基本的には唯物論者じゃないからね。まあ、何て言うかねえ。方便ではあろうけれども、世を啓蒙《けいもう》する手段の一つだね。

この霊言だって超能力だ。こういうかたちでなければ、「あの世がある」ということを証明できないでしょ？　これでなければ、あとは、スプーンを曲げるか、その剣《けん》でも曲げるしか方法はないんだからさ（机の右側に安置してある「降魔《ごうま》の剣」〔祈願《きがん》等で使用する祭具〕を指す）。言葉だけで悟《さと》らせるのは難しいわなあ。

6　歴史的に影響《えいきょう》を与《あた》えた、その他の事例

「大塩平八郎《おおしおへいはちろう》の乱」も指導した

里村　北先生は、たいへんよく視《み》えていらっしゃるので……。

北一輝　ああ、そうだよ。

里村　あえて、お伺《うかが》いします。

北一輝　ああ。

里村　アーラーラ・カーラーマ様のさらに前にも、おそらく、そうした能力を使って、歴史を変えられたことがあると思うのです。

北一輝　フフン（笑）。そりゃ、あったよ。だから、君らが考えてるより、ずっとずっと偉《えら》いんだよ。

里村　もし私たちが知っているような歴史的事例がありましたら、お教えください。

北一輝　アーラーラ・カーラーマより、もっと古いといったら、君。もう、ほとんど歴史に名前が遺《のこ》っておらんじゃないか。

司会　あるいは、張角《ちょうかく》以降の新しい方ではどうでしょうか。

北一輝　あんたら勉強してないだろうからさあ。中国の歴史も、日本の歴史も、大して知らないんじゃないか？　だから、言っても、そんなには分からないと思うんだな。

あと、わしが指導したものがあるとしたら、そうだねえ……、君らの乏《とぼ》しい知識のなかで、わしの活躍《かつやく》を微《かす》かにでも覚えてるものを探すとするとだねえ。

うーん……。古代のことを言っても、もう分からないよなあ。古代のことを言っても、たぶん分からないから、しょうがないねえ。

もうちょっと新しいのでは、どのあたりなら分かるかなあ。うーん……。

ああ、このへんなら分かるかなあ。まあ、日本人で言えば、「大塩平八郎《おおしおへいはちろう》の乱」なんかは、わしの影響下《えいきょうか》にあったと言えるかなあ。

里村　ああ、革命ですね。大塩平八郎は陽明学をやっていました。

北一輝　そうだね。やっぱり、革命運動を起こす革命家かなあ。基本的に、「この世というのは間違《まちが》いを犯《おか》すものであり、神の国を到来《とうらい》させるためには、引《ひ》っ繰《く》り返さなければいかん」っていう思想は流れてるかもしらんなあ。まあ、ほかにもないわけではないんだけど、あまり煩雑《はんざつ》にあたると、ちょっとよくないのでね。外国人の場合は、あんたら教養が足りねえから、言ったってたぶん分かんないだろう。

中世ヨーロッパで教会制度の改革に立ち上がり、迫害《はくがい》を受けた

里村　もし、何か事例があれば、お聴かせいただければと思います。

北一輝　うーん。まあ、中世のヨーロッパでも出たことはあるけどね。ヨーロッパにも出たことはあるんだけど、そういえば、異端審問《いたんしんもん》を受けとったかなあ。やっぱり、キリスト教は霊界思想《れいかいしそう》が少し足りないのでねえ。もうちょっと、古代

の伝統宗教というか、キリスト教征服《せいふく》以前の宗教のいいところを復活させようと努力はしたんだけど、教会やローマ法王庁にだいぶ追い込《こ》まれ、壊滅《かいめつ》させられたなあ。

里村　そうすると、フランスでございますか。

北一輝　うーん。今、グノーシス派と言われてるものの一つに当たるかなあ。

キリスト教から、何とかして霊的なものを出そうとしたんだ。キリスト教には転《てん》生輪廻《しょうりんね》の教えもないしねえ。イエス自身は、霊言というか、そういう「異言《いげん》」もできたのにね。

それを信じない教会制度の改革に立ち上がったんだけども、かなりの迫害《はくがい》は起きたね。異言を語るカタリ派とか、あのあたりで出てるかな。

だから、君ねえ、ばかにしちゃあ、いけないいんだよ。

里村　いえ、決してばかにしていません。

北一輝　私は、もう、身を捨ててるんだ。世の中を神仏《かみほとけ》の世界に戻《もど》すために、この世の命を投げ捨ててやっておるんだよ。

7　現代の「右翼《うよく》」をどう思うか

右翼《うよく》は「皇室信仰《しんこう》」に逃《に》げ込《こ》んでいる

里村　北先生は、現代においても、右翼《うよく》と言われる方々に大きな影響力《えいきょうりょく》を持ち、教祖のようにも言われることがあります。これについては、どのように感じておられるのでしょうか。

また、北先生は、超能力《ちょうのうりょく》あるいは霊能力《れいのうりょく》というものを前提に改革をしようというお立場ですが、現代の右翼には、唯物論者《ゆいぶつろんしゃ》と変わらないような方々が数多くいます。そうした方々については、どのように思われますでしょうか。

北一輝　今は、そういう霊的な現象を見たことのない人が多くなっているわな。それに、日教組《にっきょうそ》の力が強くて、戦後教育は、かなり、共産主義運動に巻き込《こ》まれてきた。

だから、右翼のほとんどが「皇室信仰《しんこう》」に逃《に》げ込んでいると思われる。皇室自体は、昭和天皇の「人間宣言」以来、宗教的なものや、霊的なものからは距離《きょり》を取っていて、ほとんど、外交・社交の世界に入っとるわなあ。

要するに、外務大臣の上位組織みたいな感じだな。外交辞令を言い、対外的に日本の格を示すためのものになっている。言葉は選ばなければならないとは思うけれどもね。

日本の格式を上げるために、「連綿と続いた王朝である」というところを見せ、新興国に対して一定の圧力を加えているような感じかな。

二百年ぐらいの歴史しかないアメリカみたいな国から見りゃあ、二千六百年の歴史がある日本なんていうのは驚《おどろ》きだ。「天皇は万世一系《ばんせいいっけい》で、百二十五代続いている」などと聞くと、そらあ、びっくりしてしまうからねえ。

そのころ、彼らは石器時代だろうからね。そんなときに、もう、「キングがいた」ということだから、そういう意味では、外交的なものとかで、日本の国に対する尊敬につながる面もあるかな。

中国だって、「日本より歴史は古い」みたいな言い方はするんだけど、王朝はしょっちゅう、ぶっ倒《たお》されて替《か》わってるからね。

それから見りゃあ、百二十何代も連綿と続いた皇統というのは、やっぱり世界に誇《ほこ》れるものだ。全世界を見渡《みわた》しても、これだけのものはない。ローマ法王の歴史より長いんだからね。そういう意味では、これは上手に使わないと、損は損だな。

もちろん、百二十数名の天皇のなかには、悪王も、善王も、両方いただろうからさ。尊敬を受けている天皇や霊能者の天皇もいたし、神様みたいな天皇もいたしね。

まあ、地獄《じごく》に堕《お》ちた者もなかにはいるだろうから、出来・不出来はあったけれども、全体的に見れば、比較的優秀《ひかくてきゆうしゅう》だったし、「続いた」ということ自体をもって、「国民の信は得られていた」と見るべきだ。過去、何度か、幕府との権力闘争《とうそう》が起きた時代もあるけれどもね。

だから、国の安定材料としては、役に立ったところはあるんじゃないかねえ。

「霊的《れいてき》な意味」が分からなければ右翼《うよく》ではない

里村　今、日本の右翼《うよく》は、神、あるいは、神の意志、さらに、霊的《れいてき》能力等もよく分からないまま運動しております。

先ほど、北先生は、「GLA以外にも、立正佼正会《りっしょうこうせいかい》や霊友会《れいゆうかい》を指導された」とおっしゃっていましたが、実際のところ、北先生が、今の日本の右翼に対して、指導や応援《おうえん》をされることがあるのでしょうか。あるいは、そういう指導を受けることが可能な人が、右翼の世界にいるのでしょうか。

北一輝　うーん。右翼はもう廃《すた》れているからねえ。だから、生ガキを食べたあとのカキ殻《がら》みたいな感じになってきてるかもしらんね。中身がもうないかな。形骸化《けいがいか》していて、本当の意味が分かっていない。霊的な意味が分からなければ、右翼は右翼でないんだよ。

皇室に流れているものの尊さは、やっぱり、天照大神《あまてらすおおみかみ》からの伝統だな。皇室は、「天照大神の子孫」ということになってるから、基本的には尊いわけであるし、「万世一系だから尊い」ということだね。

つまり、皇室を称《たた》えている理由は、最終的に神につながるからだ。「日本の皇祖《こうそ》神《しん》につながっていくからこそ尊い」という考え方であって、それが、日本の信仰の基《もとい》だったからね。まあ、それを言っているわけだ。

ただ、私のように、日本を超《こ》えて、他の国にも転生《てんしょう》したことがある者から見れば、あんまり激しく思い込むべきではないね。

皇室は、対外的に十分使える〝武器〟というか、戦える材料というか、世界に誇れるものではある。やはり、そういう世界に誇れる文化的遺産として、侵《おか》しがたいものはあるんじゃないかな。

はっきり言えば、イギリス王朝よりも長い歴史があるわけだからね。彼らがバイキングをやっていたときにも、こちらにはもう王朝があったわけだから、それは、やはりすごいよ。

中国の王朝には、悪い王様がいっぱい出てきたからね。それほどの悪王は、日本の天皇には出てきていないんだよ。だから、やっぱり、「和を以《もっ》て尊しとなす」という精神は、連綿として生きとるわね。

まあ、私は日本人ばかりやってるわけではないから、決して日本中心主義に凝《こ》り固まっているわけではないけれども、今、日本が世界のリーダーになっていくためには、一本、〝背骨〟は残しておいたほうがいいだろうとは思っている。

現代の右翼の一部に、「エル・カンターレ信仰というものを立てられて、迷惑《めいわく》している」と思ってる人がいるのはよく分かるよ。

「エル・カンターレ神《しん》は地球神だ」というような言い方をされたら、彼らも、「天皇家はどうなるんだ」って、理論的には反問するだろうな。「じゃあ、地球神との関係はどうすればいいんですか」ということだ。

これは、はっきり言えば、天照大神や天御中主神《あめのみなかぬしのかみ》と、エル・カンターレの位置づけの問題かもしれない。しかし、現代の右翼は、それを理解するだけの信仰心がないのでね。霊的知識と信仰心がないから分からないので、皇室とだけ比べているようなところがあるわけだな。

「日本人として生まれたら、すべての人が皇室によって位階勲等《いかいくんとう》に叙《じょ》せられるのであって、皇室を抜《ぬ》くような日本人はいない」という建前《たてまえ》になっておるのでね。

彼らは、そういう形式を守っているわけであろうから、ほんとは、神なるものを理解してないだろうと思うな。気の毒ではあるが、これは認識力の問題でもあろうから、あんまり、それを責めるでないよ。かわいそうだけども、日本人全体から見ても、そんなに理解力はないからね。

要するに、今、彼らは、「形式しか見えていない」ということかな。

8 「エル・カンターレ」とは、どのような存在か

里村　今、北先生は、「エル・カンターレ」と、はっきりおっしゃったのですが、そうした魔法界《まほうかい》におられても、エル・カンターレの存在をご存じであるわけですね。

北一輝　これは、最大の魔法使いだよ、君。

里村　ああ。

北一輝　だから、「『表側』の世界以外に、『裏側』の世界があって、そこに魔法使いが住んでいる」と思ったら、大間違《おおまちが》いだよ。

里村　北先生からご覧になって、エル・カンターレとは、どのような存在ですか。

北一輝　これは、最大の魔法使いだよ。俺《おれ》らから見りゃあね。ただ、違う面から見れば、違うように見えてるはずだよ。われらの世界からは、そう見えている。だから、ほんとは魔法使いだって牛耳《ぎゅうじ》ってるよ。

里村　「オールラウンド」ということでございますか。

北一輝　そうだ。ほかの所には、ほかの顔を見せている。だから、あれみたいなもんだ、水晶《すいしょう》の……、ん？　今日は、水晶がないじゃないか。どうしたんだ？

里村　水晶ですね……。

北一輝　君ら、わしを恐《おそ》れて、何だか、剣《けん》だとか、杖《つえ》だとか、こんなものを置いてるな（机の右側の「降魔《ごうま》の剣」と、左側の「ケリューケイオンの杖」を指す〔共に祈願《きがん》等で使用する祭具〕）。

里村　いえ、いえ、とんでもないです。

北一輝　ちゃんと水晶を持ってこんかい。あれを見たら、簡単に説明ができたんだ。エル・カンターレは、ああいうふうな多面体なんだよ。だから、その一面として、魔法使い的な面も持ってると思うよ。

だけど、ほかにも、儒教《じゅきょう》みたいなところも持ってるしね。仏教みたいなところや、キリスト教みたいなところなど、いろんな面を持ってると思うよ。七色光線か、十何色光線か知らんけどさ、プリズムで分解されたすべての光線の大本《おおもと》のところをたぶん持ってると思うよ。

まあ、君らは、『太陽の法』で、「高橋信次《たかはししんじ》の〝根元《ねもと》〟はものすごく偉《えら》い」みたいな言い方をしてるらしいけどさ、わしも、そんなに大して変わりゃしねえんだよ。みんな、ほとんど、仲間なんだからさ。

里村　北先生は、「北一輝」として地上におられたときから、「日本にエル・カンターレという、オールラウンドの大きな神霊《しんれい》が降りられる」ということはご存じだったのでしょうか。

北一輝　いや、そらあ、知らんよ、君。そんな秘密が分かるわけないだろうが。それは無理だ。

里村　なるほど。そうすると、霊界に還《かえ》られてから……。

北一輝　自分は、「日蓮《にちれん》の生まれ変わりか」「日蓮に指導されているのか」というあたりを考えるレベルだからね。お釈迦《しゃか》様はそれより上だろうからさ。それで、お釈迦様より上の存在があるとしたら、少なくとも二段は違うわな。だから、それは、ちょっと分からない。

里村　そうしますと、「自分よりもずっと上の段階に、エル・カンターレという存在がいる」ということをご存じであって、帰依《きえ》されているわけですか。

北一輝　だって、これは、今、明かされたところだからさあ。これは長らく名前が秘されていた存在で、ほとんどの歴史上の教祖たちは知らないんだからね。

みな、「神」だとか、「唯一神《ゆいいつしん》」だとか、いろんなことを言ってるけど、本当は知らないんだ。会ったことも、話したこともないものを、「アラー」だとか、「ヤーウエ」だとか、いろんなふうに言ってるんじゃないか？　だから、本当は姿を知らないのだろうと思うんだがなあ。ハッハッ。

里村　でも、北先生はよくご存じでいらっしゃいます。

北一輝　だから、「お釈迦様を何カ月か〝指導〟した」って言ってるだろうが！

9　幸福の科学を批判する「右翼《うよく》団体」へのメッセージ

里村　今、エル・カンターレがつくられた宗教法人幸福の科学、あるいは、幸福実現党に対して、「『昭和天皇の霊《れい》を降ろした』というのは嘘《うそ》だ」などと批判している右翼《うよく》団体もあります。これについて、何かご意見はございますか。

北一輝　すでに、もう結果は出てるんじゃないの？　だって、全員を集めたって、あんたがたの職員数ぐらいしかいないんでしょ？

里村　ええ。

北一輝　そんなものでは、相手にならないじゃないか。要するに、一般《いっぱん》の支持はゼロということだろ？　自分たちの存在を誇示《こじ》しているだけだ。だから、それは、あまり気にしないでいいんじゃないか。

里村　そうでございますか。

北一輝　わしの見識はもっと大きいからな。

里村　はい。

北一輝　そんなところにカキ殻《がら》みたいにへばりついて、指導してるわけじゃないぜ。

里村　しつこく当会を批判してきているため、「背景には、資金提供などをする勢力があるかもしれない」とも見ています。そのあたりについては、北先生からご覧になっていかがでしょうか。

北一輝　さっき、大川総裁がちょっと言ってたが、近親憎悪《きんしんぞうお》みたいなものがあるんじゃないの？　だから、彼らがやりたいことを、あんたがたがやってるんじゃないの？

里村　はい。

北一輝　自分たちが、ほんとはやりたいことなんだ。わしがやったように「日本改造計画」を出して、国防を固め、「中国、北朝鮮《きたちょうせん》、許すまじ！」と言いたいんじゃないかな？　ほんとは言いたいけど、金もなけりゃあ、〝信者〟もいないんでね。政党もつくれないから、悔《くや》しいんだよ。

だから、後ろにいる、立《た》ち何とか党首？　え？

里村　立木《たちき》と書いて、「ついき」です。

北一輝　ああ、そうか。

まあ、そういうふうに嫉妬《しっと》してるんじゃないの？　彼らも政党つくって、演説したいんじゃないか。だけど、こんなに減ってしまって、残念なんじゃないか。

里村　非常に影響力《えいきょうりょく》の大きい北先生から、信仰心《しんこうしん》を失った現代の右翼の方々に何かメッセージを賜《たまわ》るとしたら、どのようなお言葉でしょうか。

北一輝　彼らは皇室を護《まも》るのを仕事にしてるつもりなんだろう。「反共」というのが運動の一つだったんだろうけど、反共運動をやるんだったら、今みたいに中国が巨大化《きょだいか》してきたときは、現実的な力を持たなければできないわな。だから、ほんとは、大きな勢力が必要なんだけれども、現実にそれだけの力がない。中国は、軍事力も経済力も拡大してるし、GDPも日本を抜《ぬ》こうとしてるんだろ？　これに対抗《たいこう》する反共運動となれば、そうとう大きな力が必要だよな。あなたがたが目指してるぐらいの力が必要だと思う。

だから、ほんとは、仲間に入れてほしいんじゃないの？　「一部、使ってよ」ってね。広報局長のポストを狙《ねら》ってるんじゃないか。「広報局に入れてくれないか」って言ってるんじゃないの？

里村　街宣としてはちょっと難しいです（笑）。

北一輝　人気が出ると思ってるんだよ。「自分らはかっこいい」と思ってるからさ。

里村　なるほど。それでは、今、立木党首の名前も出ましたので、質問者を替《か》わらせていただきます。

北一輝　ああ、そう。

里村　ありがとうございました。

北一輝　うん。

10　日本の外交や防衛のあり方を、どう見るか

立木　北一輝先生、本日は、このような場にお越《こ》しくださり、ありがとうございます。ご教示を賜《たまわ》れますことに対し、心より感謝申し上げます。

私は幸福実現党の立木秀学《ついきしゅうがく》でございます。どうぞ、よろしくお願いいたします。

北一輝　うーん。

立木　あの……。

北一輝　君、大丈夫《だいじょうぶ》かあ？

立木　はい。

北一輝　大丈夫か？　ああ？

立木　大丈夫でございます。はい。ありがとうございます。

北一輝　なんだか、立ち枯《が》れそうな感じだなあ。

立木　いえいえ、あの……。

北一輝　立木《たちき》、頑張《がんば》れ！　立ち枯れて、もう消えそうだわ。犬に小便をされて、もう腐《くさ》ってきてるんじゃないかな、下のほうが。

立木　いえいえ。

北一輝　ああ?

立木　いや、それを肥やしにして、大きく成長してまいりましたので（会場笑）、大丈夫でございます。はい。

北一輝　なんか、瘦《や》せた木だな、ほんとに。

立木　質問させていただきます。

先般《せんぱん》、昭和天皇から霊言《れいげん》を賜りましたところ（『保守の正義とは何か』参照）、北先生について言及《げんきゅう》があり、「外交政策の面では、かなり国粋《こくすい》主義的で、強硬《きょうこう》な意見をお持ちである」という指摘《してき》がございました。

そこで、今の日本の外交や防衛のあり方について、お伺《うかが》いいたします。北先生は、生前、中国の革命を支援《しえん》なさり、「日本と中国が共同して、ロシアやイギリスなどを追い払《はら》う」ということを志《こころざ》されていたかと思います。その中国が、今、むしろ日本に刃《やいば》を向けそうな状況《じょうきょう》になってきております。

北一輝　そうだろ？　まあ、そうなると思ったよ。うん、うん。

立木　今の中国の、そういうあり方に対して、日本は、どのようにすべきでしょうか。お考えがございましたら、お教えいただければと存じます。

アメリカは原爆《げんばく》投下や沖縄戦《おきなわせん》に関して謝罪せよ

北一輝　アメリカが間違《まちが》ったんだと思うなあ。アメリカは、原爆《げんばく》を日本に落としたりして、日本に勝っちゃいけなかったね。

その後《ご》、ソ連と中国が仮想敵に変わって、冷戦状態が起きたことを考えたら、アメリカはバカだとしか言いようがないじゃないか。

それで、日本の友達になったんだろう？　だから、バカなことをしたんだよ。自分の仲間になる国に原爆を落としたんだろう？

一回ぐらい謝罪したらどうだい？　そう思わんか？

立木　ええ。今は同盟国なので……。

北一輝　だけど、謝罪ぐらいは、したほうがいいよ。謝罪しなきゃ、ほんとの同盟国にはならないよ。

だから、沖縄《おきなわ》にも謝罪しなさいよ。そうしたら、沖縄県民は、もうちょっと、すっきりして、「アメリカの基地があってもいい」と思うかもしれない。

沖縄は現実に攻《せ》められたんだからさ。沖縄の攻防戦《こうぼうせん》というのは、君、すごかったんだからさ。

本土から護衛機《ごえいき》なしで〝片道切符《きっぷ》〟の戦艦大和《せんかんやまと》を送ったぐらいじゃあ、沖縄県民は許さないんだよ。そんなものが役に立たないことを知っていて、最後の言い訳で送ったんだろう？「そうなる前に、もうちょっと、きちんとやらんかい」ということだよ。戦艦大和は沈《しず》んだかもしらんけどさあ、「事実上、沖縄を見殺しにした」と、沖縄県民は思っとるわけだよ。

沖縄県民が、全部、左翼《さよく》で、アメリカを追い出そうとしてると思ったら、大間違いだよ。左翼もいるけどさ、右翼も頑張っとるんだよ。ほんとの右翼はね、日本が占領《せんりょう》されて悔《くや》しいんだよ。「本土のやつらはなんて弱いんだ」というところだね。

戦争が下手すぎるわな。本当に下手だよな。本当に下手くそな戦争をしよって、もう腹が立ってしょうがないわ。ゼロ戦なんて何千機あったと思ってるんだ。全部、落とされてしまった。この作戦の下手さは、君ね、許しがたいものがあるよ。

特に、兵站《へいたん》無視のものの考え方が問題だな。南方戦線《なんぽうせんせん》が拡大したあと、輸送船をたくさん沈められたけど、「輸送船を沈められる」ということを考えてなかったんだよな。「民間船は狙《ねら》われないだろう」という甘《あま》い考えをしておったね。

沖縄の人たちなんか、最後は、洞窟《どうくつ》に追い込《こ》まれ、火炎《かえん》放射器で焼かれたんだ。先般、〝毒グモさん〟も「火炎放射器は嫌《いや》だ」と言ってたのを聞いたけどさ（『宗教決断の時代』〔幸福の科学出版刊〕の「統一協会教祖・文鮮明《ぶんせんめい》守護霊の霊言」参照）、人間様が洞窟のなかに逃《に》げ込んでいて、女子供《おんなこども》もいるのに、米軍は火炎放射器で何十メートルもの火炎を洞窟内に放射したんだ。

これは人間を相手にしてすることじゃないですよ。鬼《おに》の仕業《しわざ》ですよ。人間を焼き殺したんだからね。人間と思ってなかった証拠《しょうこ》だよな。

これに対して、何と言うか。まあ、情けなかったわな、本当に。

T社だか何だか知らんけどさ、わしは、今、そんな団体に、もう責任がないので、言わせてもらう。そこは、君らに対して、「昭和天皇への尊敬が足りん」と言ってるんだろうけど、わしは、やはり、昭和天皇は明治天皇とはちょっと違うと思うよ。

明治天皇は、戦《いくさ》はお好きではなかったと思うけれども、人を起用するところでは、やはり能力はあったな。だから、徳望のある人や能力のある人を庇護《ひご》する力は、おありであった。

ところが、昭和天皇の時代には、元帥《げんすい》、大将たちなどに、運の悪い者、無能な者を、だいぶ使ったよね。

「あれだけの艦船と、あれだけの人員、あれだけの航空機を失う」というのは、ほんと、信じられんことだよ。

特に、「ハワイで、航空母艦による攻撃《こうげき》で戦艦まで沈めておりながら、そのあと、航空母艦の使い方が分からず、敵に、それを逆手《ぎゃくて》にとられた」というあたりは、まことに情けないかぎりであったな。

ほんとに沖縄を護《まも》る気があったら、南方戦線の島じゃなくて、沖縄をもうちょっと固めておかなくてはいけなかったよ。当然、考えられることだからね。

植民地解放で日本が果たした役割に正当な評価を

立木　先ほど、「日本は満州《まんしゅう》を押《お》さえておくべきだった」という指摘もございましたけれども、生前の北先生は、大きな構想として、「シベリアから中国やインド、そしてオーストラリアに至るまでの地域を、日本の支配下に置く」ということを考えておられたかと思います。

今、日本軍の戦い方に対して、かなり批判をしておられましたが、軍部の実際の動きそのものにおいては、先生のそのお考えと似たようなところもあったのではないかと感じます。それに関して、先生は、死後、霊界からご指導をなさったり……。

北一輝　いやあ、やはり、わしも右翼に分類されているんだろうから、「アメリカと仲良くしなくてはいけない」と君らが言ってるのは、分からんことはないんだけど、負けたのは、ちょっと悔しいわ。やはり悔しいな。

あの下手くそな戦い方ではなあ。海軍力は、こちらが上だったんだからね。しかも、向こうは、わざわざ太平洋を渡《わた》り、アジアまで来て戦ってるんだからねえ。マッカーサーはオーストラリアまで逃げていったんだから、なぜ、追撃戦をして、ぶっ叩《たた》かないんだ。もう、ほんとに、情けないというか、下手くそだというか、まことにもって用兵の才がないね。

だから、昭和は、見放された時代だね。軍事的天才がきちんと出ておれば勝てた戦《いくさ》で、むざむざと敗れたな。まあ、明治期に、そういう軍事的天才を使い切ってしまったのかもしらんがな。ほんとに、情けなくも悔しかったね。

日本がやろうとしたのは、結局、〝あれ〟でしょ？

今だって、太平洋からインド洋、アフリカまでを争ってるんだからね。

今、起きてるのは、「日本の世紀になるのか、中国の世紀になるのか」の争いだろう？　そういうことだろう？　そして、「中国の世紀になるんだったら、けっこう不幸になりますよ」と言ってるんだろう？

じゃあ、結局、もとを辿《たど》れば、われらがやったことは正しいじゃないか。中国の世紀をつくってはいけないんであって、それは不幸の輸出になるんだよ。日本に近づいたほうが幸福になるんです、アジアもアフリカもね。

君ら、歴史を勉強してないからさ、もう一回、言っとくけど、まあ、南方戦線のことを、今、ちょっと批判したが、日本が戦ったおかげで、ヨーロッパの列強を、全部、叩き出すことができたんだからね。これについては、しっかりと認識しなくてはいけないよ。

オランダのような小国でさえ、植民地を持ってたんだからさ。あんな小さい国が、なぜインドネシアを植民地にできるんだよ。「盗人猛々《ぬすっとたけだけ》しい」って、このことだな。

イギリスだって、ビルマは取るし、インドも百五十年ぐらい押さえてたのかな。インドはイギリスに百五十年も勝てなかったんだからさ。ここには、〝黄巾《こうきん》の乱〟を起こさなくてはいけなかったんだよ。「セポイの反乱」ぐらいじゃ、ちょっと足りなかった。ここでは、もっと反乱を起こして、イギリスを早く叩き出さないといけなかったな。

ヒンズー教は弱いわ。あまりにも弱すぎる。もうちょっと頑張らなくてはいけなかったね。

だから、日本の戦争が契機《けいき》になってインドが独立できたのは間違いない。まあ、ガンジーも頑張ったとは思うけどさ。そう言ったって、世界が植民地独立の流れになったなかで、その運動が認められたわけだからね。日本がイギリス軍を蹴散《けち》らしてなかったら、インドは独立なんかできてないよ。

立木　日本はインドの独立運動家のチャンドラ・ボースを支援したりしました。

北一輝　うん。そうそうそう。だから、正しいことをやったんだ。

立木　はい。

北一輝　軍隊がいたら、やはり、そんな簡単に民衆は勝てないよ。

欧米人《おうべいじん》というか、白人がね、黄色人種に徹底的《てっていてき》にやっつけられるところを見た人たちは、「肌《はだ》の色の違いは関係がないんだ」ということを悟《さと》ったんだ。だから、それは、よかったと思う。

今、日本を、「残虐《ざんぎゃく》非道で、とんでもない国だ」と言ってる、アジアの幾《いく》つかの国は、もう、本当に駄目《だめ》な国だね。自分の国を地獄《じごく》に引きずり込もうとしている国々だ。もうちょっと正直に、日本のおかげでアジアから植民地がなくなったことを認めなさい。

そのために、日本は多大の犠牲《ぎせい》を払いました。三百万人もの人が死んだし、原爆も、二発、落とされました。だけど、それから不死鳥のように復活した。それを嫉《しっ》妬《と》するのではなく、自分たちも日本のようないい国になろうとして、やはり、正直に努力しなさい。

それを、朝鮮半島や中国の人たちに、きちんと正直に認めさせないといけない。それは正しい意見だよ。

インドとかは、きちんとそれを認めているし、アフリカや西アジアの人たちにも、それを認めている面がある。トルコとかも認めてる。「東郷《とうごう》のおかげで独立を保てた」とか言ってるからね。

彼らは、ヨーロッパの国々の「悪さ」をよく知っているし、ロシアの脅威《きょうい》や、ロシアがした悪いことも知っている。また、中国についても、隙《すき》を見ては、いろいろな「悪さ」をすることや、すぐ世界帝国《ていこく》をつくりたがることを、歴史上、何度も経験している。そのため、「一発、日本が頑張ってくれた」と考えているんだね。

日本がしたことは、いいことなのであり、客観的に見て、日本は、もう少し尊敬を受けるべき立場にあると思うよ。

立木　はい。

ソ連や中国を増大させた責任はアメリカにある

北一輝　だから、日本は、ちょっと自己卑下《ひげ》をしすぎる。

これには日教組《にっきょうそ》の教育の影響《えいきょう》もあるけど、世界史や日本史において、やはり、基本的な価値判断に誤りがあるんじゃないかな。

「アメリカは、日本の友好国で同盟国だ」と言うんだったら、世界史や日本史を、正しいものに書き換《か》えるよう、きちんと方向付けをしなくてはいけないな。

彼らは、自分たちの戦いを、「インディアン狩《が》り」のように、すべて正当化しているけど、はっきり言って、間違ったよな。

だから、戦後、ソ連を増大させた。それから、中国も増大させた。それは第二次大戦に原因がある。そして、そういう国が国連の常任理事国のなかに入っている。そのために何も進まない。世界の問題が解決しない。やはり、これはアメリカの間違いだったと思うな。

マッカーサーは、戦後、それに気がついて反省したけど、トルーマンが彼をクビにしちゃったからな。まあ、マッカーサーも悪かったんだけどね。

結局、「日本は、やるべきことをやっていた」ということが、彼には分かったんだ。それは、「ロシアの南下を避《さ》ける」ということだな。

それと、「朝鮮は、どうしようもないような、主体性のない国であった」ということだ。だから、日本でなければ、ロシアか中国の属国になっていた。あるいは、どこかの国の一部になっていたんだ。それは、「民族性の堕落《だらく》があった」ということだね。ただ、それについて、アメリカのほうは知らなかったからな。

中国は、やはり、ひどい国だった。ほんとに停滞《ていたい》していたね。なんとかして近代化させなくてはいけない国ではあったと思うな。

結局、ずいぶん後《おく》れて近代化してきたけど、それでも、まだ後れてるんだろう？　宗教の伝道は命懸《が》けでやらなくてはいけない。今の中国は、こんな後れた国になっている。これでは戦前の日本だよ。「戦前の日本と同じだ」ということは、六十五年ぐらい後れてるんだ。

こんなところを軍事大国化させたら、大変なことになるよ。君ね、時代が逆戻《ぎゃくもど》りするよ。中国が軍事大国化してはいけないから、中国の軍事力は、やはり解体しなければいけませんね。

アメリカは日本の同盟国としての務めを果たせ

立木　それは、具体的に、どういう戦略といいますか、どういう方法で……。
北一輝　アメリカに、「きちんと中国を攻撃しなさい」と言うべきだな。ね？
立木　はい。
北一輝　アメリカは何をしてるんだ、ほんとにもう。中国に国債《こくさい》を買ってもらったお礼に、攻撃したらいいんだよ。「アメリカの国債を買ってくれてありがとう。お返しをする」と言って、中国に爆弾を落とせばいいんだよ。な？

立木　中国も核《かく》ミサイルを持っているので、まあ……。

北一輝　ああ、知ってる。知ってる、知ってる。

立木　報復される可能性があるかと思います。

北一輝　だから、それで、どちらが強いか、ちょっと〝ジョー〟をやったらいいんだよ。日本は、「どちらのミサイルのほうが、よく当たり、精度がいいかを見て、いいほうのミサイルを、黒字を使って買うから、ちょっと、やってみてくれるか」と言えばいい。

どちらの人口が減っても構わないんだ。両方とも気に食わないからね。

立木　現状を見るかぎり、日本はアメリカの軍事力に依存《いぞん》して国を護っている状態なので、私どもとしては、「日米同盟をベースにして日本の護りを固める」という方向で行きたいと思っています。

北一輝　ただ、アメリカにも汚《きたな》いところがあるよ。同盟国と言いながらだな、宇宙技術や航空技術では、日本に対して、十分なものを与《あた》えてくれない。少し時代遅れになったものばかりくれるからさあ。あれは、ちょっと汚いな。

イスラエルには、アメリカが使ってるのと同じ最新鋭《さいしんえい》の戦闘機《せんとうき》をすぐに売ってるのに、日本には一時代《ひと》前のものを売りつけてくる。

そして、日本が国産機をつくろうとすると、それは止めるんだよな。これは下種女《げすおんな》の嫉妬のようで、うっとうしいなあ。

アメリカは、日本が本気で航空機をつくったら、いいものができるのを知ってるんだ。ゼロ戦の時代には負けてたからね。日本が本気で航空機産業に参入したら、いいものをつくるのが分かっているから、日本にはつくらせないで、アメリカ製のおんぼろのボーイングを、いつまでも使わせようと思ってるんだ。

あれ、しりもちをついて大変なんだろ？　ボーイングで、ほんと、しょっちゅう事故が起きるんだ。まあ、Ｂ52が生き延びたので、いまだに威張っとるんだろうけどさ、あんなものの時代は終わってるよ、もう。

だから、日本は、国産で、もうちょっといいものをつくれるよ。

立木　私どもは、日本に防衛産業を興《おこ》してまいりたいと考えております。

北一輝　そうだ。興さないと駄目だけど、それを邪魔《じゃま》してるのはアメリカだからね。同盟国としては許しがたい（舌打ち）ところがあるな。これ、ちょっと教育してやらないといかんな。

立木　はい。

11 「自由」に関する考え方

自由の下《もと》で「伸《の》びる人」と「怠《なま》ける人」の二種類が存在する

立木　話題を変えて、もう一点、質問させていただきます。

北先生は、生前、若いころから社会主義を追求され、国家社会主義を実現するために、革命を起こそうとされていたかと思います。現時点におきまして、北先生は、その社会主義に対して、どう思われているのでしょうか。

私どもとしては、「自由を最大限に生かして、国を発展させていきたい」と思っております。この「自由」に関して、先生の今のお考えをお聴かせいただければと存じます。

北一輝　うーん。自由を言う場合には、その自由の主体となっている人たちが、ある程度、優秀《ゆうしゅう》でなくてはいけないわな。

二宮尊徳《にのみやそんとく》さんのような、優秀な人だったら、自由にやらせたほうが、それは、いいさ。自分で努力し、創意工夫をし、精進して道を拓《ひら》くだろうさ。渋沢栄一《しぶさわえいいち》のような人だって、自分で企業《きぎょう》を起こすだろうさ。

だけど、サラリーマンで満足しててさ、「家に帰ってビールを飲み、寝転《ねころ》がって野球を見てたらいい」と思ってるような人たちや、日曜日にゴルフに行くことだけを楽しみにして生きてるような人たちが大多数だったら、そういう人たちには、あまり巨大《きょだい》な自由は与《あた》えないほうがよろしいんじゃないかね。

自助努力の精神と起業家精神があるような人に対して、もし規制がかかっているのならば、その規制をはずして、もう少し発展できるようにしてやらなくてはいけないと思う。

そういう人をすり潰《つぶ》し、一般《いっぱん》サラリーマンのレベルにまで落とすのは、よくないことだと、わしは思うよ。それでは国富を減らすことになるだろうから、そういう規制は撤廃《てっぱい》すべきだな。

その意味で、能力がある人に自由を与えることは、いいことだと思うな。

ただ、ステテコを履《は》いてビールを飲み、寝転がって野球を見てる、おとっつぁんたちに、そんな自由を与えてはいけない。こういう人たちは、尻《しり》を叩《たた》いて働かせないと駄目《だめ》だ。

怠《なま》けとるのに、国の援助《えんじょ》を期待し、国からお金をもらおうとする者もいる。

また、農業や漁業に従事する者や中小企業の者などには、役人が視察に来たときにだけ、「これほど一生懸命《いっしょうけんめい》に働いているのに、赤字で苦しいんです」と言ったり、テレビカメラが来たときにだけ、そういう姿を見せてさ、いなくなったら、すぐにサボり始めるやつらがたくさんいる。

こういうのに自由を与えたら、実際には国家破産になるな。

だから、両方の目を使い分けないといけない。私は片目しか見えなかったんだけど、両目を使って見ないといかんと思うな。

子供を育てる場合でも、そうなんじゃないか。出来のいい子は、放っておいても、自分で勉強し、就職して、親孝行もするけど、出来の悪いやつは、いくらやってもやっても何もできやしないで、親の生き血を吸うだろ？　親の時間と金と労力を吸っていく。似たようなところがあるね。

だから、人間は一種類ではないよ。やはり二種類あるので、それで分けないといかんな。

教員だって、だいたい、日教組系《にっきょうそけい》のガラクタがほとんどだろうとは思うけど、ガラクタに補助金をたくさん撒《ま》いたらいかんよ。でも、教員のなかで、やる気のある人、子供たちの能力を引き伸《の》ばした実績のある人には、それ相応の給料を出していかないとな。塾《じゅく》や予備校に打ち勝つためには、それだけの成果をあげた人を、きちんと評価する姿勢がないといかんだろう。

「差をつけること自体が間違《まちが》いであって、平等が日本の原点だ」と言うんだったら、「以《もっ》て瞑《めい》すべし」だな。これでは、この国は財政赤字で沈《しず》むよ。

自由だけでなく義務と責任も必要である

だから、自由を与えてもいいけど、それは、一定の能力なり才覚なりが認められた者に与えるべきで、誰《だれ》にでも与えるものではないと、わしは思うな。

怠け癖《ぐせ》があるやつらには、やはり、一定の規律を与えなければならない。だいたい、そうだよ。雨の日に、営業をせず、喫茶店《きっさてん》でコーヒーを飲んでる連中に、ボーナスをたくさん出しては駄目なんだから。それで会社が赤字になって倒産《とうさん》したとして、なぜ国家が税金を投入しなくてはいかんのだ。「働け」と言わなくてはいけない。そういう厳しい面も持ってないといけないよ。

「雇用《こよう》、雇用、雇用」と、菅《かん》は言うとるんだろうが、雇用といったって、怠け者がクビになったのは、まあ、天の正義なんだからさ。それは、一回、そこから這《は》い上がってくる練習をしてもらわないといかんと思うな。

本来、成功すべき者が、国の規制によって成功できないのであれば、これは許しがたいことだと思うね。

だから、やはり、「アメとムチ」が必要だな。

経営学的には、今、「X《エックス》理論」と「Y《ワイ》理論」と言うらしいね。よく分かんないけど、人間について、「放っておけば、怠ける」という見方と、「放っておけば、仕事をしたくなる」という見方と、二つの経営論があるようだ。

放っておけば仕事をするようなタイプなら、その人は経営者になっていくタイプなんだよ。起業家のタイプだよな。放っておけば怠けるのは普通《ふつう》のサラリーマンだよ。もう明らかだ。だから、その比率的には二対八だよ、どう見たってな。一般には、そうだろうからさ。

だから、能力のある者は伸ばし、能力のない者に対しては、やはり、一定の義務と責任が必要だと私は思うね。

まあ、自由だけでは駄目だな。自由も与えるけど、義務と責任も与えなくてはいけない。

「セーフティネットで、生活レベルの低い人を救う」というのもいいけどさ、その逆もある。セーフティネットにかかる層の人たちに、「ここまでやれ」という、一定の義務と責任を与えるわけだな。

わしは、セーフティネットではなく、〝セーフティムチ〟を与えたい。国家を潰さないためにもムチが必要だな。「この程度までは働け」というところがないといけない。

泥棒《どろぼう》に入られたら、番犬はクビだよ。餌《えさ》は貰《もら》えんわな。当たり前だ。寝とったんだろうからさ。それでは、やはり許されない。それは考え方を間違ったんだからな。営みたいなのは駄目だ。これでは国家破産だよ。間違いなく、国家破産への道を歩むことになるだろうな。

だから、適材を欠いておるようではある。人の選び方が十分ではないな。甘《あま》やかしてはいかんよ。甘やかしてはいけない。ただ、邪魔《じゃま》をしてはいけない。

能力のある者、道を拓こうとしている者の邪魔をしてはいけない。ただ、甘やかしてはいけない。

日本は、アメリカに対して、きちんと主張せよ

それから、アメリカには、友情を語りつつも、日本の発展を妨害《ぼうがい》している面があるので、それについては取り除いていくべきだと思うな。

日米安保でも、向こうから何か言われるのを待ってないで、こちらから、言うべきことは言ったらどうだい?

中国の漁船が来て、尖閣《せんかく》諸島の周辺で領海侵犯《しんぱん》をしても、もし、アメリカが、中立の立場で、「何も言いません」と言ったりしたら、そんなことを許してはいけないんだ。アメリカに対して、「一言、怒《おこ》れ。大統領が、『アメリカには、いつでも、日本の領域を侵犯した国と戦う用意がある』という声明を発表しなさい」と、この程度のことを言わなくては駄目だよ。

そうしたら、沖縄《おきなわ》の基地の問題でも、国民は「一肌脱《ひとはだぬ》いで頑張《がんば》る」ということになる。「もし中国が尖閣諸島を占領《せんりょう》したら、アメリカは沖縄の海兵隊を増強する。日本を護《まも》る」と、そのくらいのことを言うんだったら、国民の気持ちは変わるけどさ、自分たちの都合ばかりを考えてるんだったら、ちょっと許せないな。

だから、「アメリカならアメリカらしく、単純に二分法で考え、白か黒か、どちらかを選べ。日本と組むのか、中国と組むのか、はっきりしろ。中国と組むんだったら、あなたたちは吸い取られるだけになるけど、それでいいのか」ということを、やはり、きちんと言うべきだな。

そして、流れとして、いずれは日本が自主防衛を行うことになるとは思うから、「それについては邪魔をしてくれるな」と言わなくてはならない。

ただ、「軍事演習等では、もっともっと関係を緊密《きんみつ》にして、レベルを上げていくように努力しよう」と言うことだな。

それから、「日本の宇宙進出も邪魔しないように」と、やはり言わないといけないね。

「日本に空母や原子力兵器を持たせない」と言ってるのはアメリカだろ？　これは、中国じゃないよ。アメリカなんだよ。「アメリカがいるから要《い》らない」と言ってるんだよ。だけど、「そう言うなら、それだけのことを、きちんとやりなさい」と言うべきだね。

だから、「日本が北朝鮮《きたちょうせん》や中国に愚弄《ぐろう》されてるときに、日本の友達として北朝鮮や中国を叱《しか》りなさい。それを一喝《いっかつ》するんだったら、あなたたちの言うことをきいてもいいけど、知らん顔をして、中立のようなふりをするんだったら、言うことはきけない。中国との将来の商売のことだとか、向こうは債権者《さいけんしゃ》だから、『アメリカの国債を売り払《はら》うぞ』と脅《おど》されたら困るとか、そんなことでビビるようなアメリカだったら、言うことをきいていられない」と言わなくてはいかんね。

立木　必要なことは、しっかりと訴《うった》えてまいります。

今は〝人工秀才《しゅうさい》〟が山のようにいる

北一輝　君、わしは意外に頭がいいだろうが。予想外に。

立木　いえいえ。もともと、そういう方《かた》だと認識しておりました。

北一輝　うん。学歴はないいんだけどさ。

立木　いえいえ。独学で非常に……。

北一輝　学歴はないいんだけど、頭は天才なんだよ。君ね、わしは新潟県《にいがたけん》の佐渡島《さどがしま》出身だから、学歴は大したことがない。（里村に向かって）新潟の人は学歴が低いんじゃない？　だいたいいな。

立木　いやいや。

北一輝　わしは学歴が低いんだけど、もともと頭はいいんだよ。地頭《じあたま》がいいんだ。

立木　はい。

北一輝　今、生まれていたら、君、わしは、当然、東大法学部を卒業してるよ。だけど、昔の人間だから学歴はないのさ。だからといって、ばかにしてはいけない。戦前の人には、頭がよくても学歴のない人は大勢いるからな。それを間違ってはいけないよ。

君ね、戦後、エリートコースに乗って東大を出たからって、頭がいいとは限らないんだからさ。今、〝人工秀才《しゅうさい》〟が山のようにいるからね。バカは、ほんとは大量にいるんだよ。東大に行く資格のない者が、たくさん行ってるからさ。半分は、だいたいそうだから。

12　北一輝が最も伝えたいこと

幸福の科学が「日本発の世界宗教」になることは実に尊い

司会　北先生、最後に一つ、お訊《き》きしたいことがあります。北先生は、今日、朝から大川総裁のところに出てこられ、何かを訴《うった》えたいようなご様子であったとのことですが、これは最近にはなかった現象です。北先生が、今回、最も伝えたかったことは何なのでしょうか。

北一輝　うーん。幸福実現党も含《ふく》めて、幸福の科学をどう理解したらいいのか、日本国民には分からないんだろう？　マスコミにも分からないんだろう？　政党のほうでも分からないんだろう？　あなたがたをどう理解したらいいのかが分からないんだろう?

宗教として何を狙《ねら》っているのかが分からないし、右翼《うよく》なのか、右翼ではないのかも分からない。左翼ではないらしいことは分かっているけれども、右翼にしては、皇室に対して敬意が足りないような感じもするわけだな。

ただ、はっきり言えば、別に敬意が足りないわけではないんだろうけどね。

皇室は血縁《けつえん》・血脈でつながっているものだから、天皇制は、対外的には、十分に、国としての権威《けんい》を示し、日本を世界のなかで際立《きわだ》たせる重要な制度なので、大事にしたほうがいいと私は思う。

しかし、霊的《れいてき》に見て、「神と人間」という考えから言えば、どうなるか。

あなたがたを宗教的な立場から見たとき、皇室から勲章《くんしょう》をもらったり、園遊会に招かれたりして喜ぶような、あなたがただったら、私は、刀を抜《ぬ》き、あなたがたの首を斬《き》りに来る。許さない。「それでも宗教か!　誇《ほこ》りを持て!」と言いに来るな。

あなたがたは自分たちの悟《さと》りに基《もと》づいて活動しているのでしょうからね。

そして、あなたがたの認識によれば、「天照大神《あまてらすおおみかみ》や天御中主神《あめのみなかぬしのかみ》は立派な神であり、日本を支配している神である」と認めているけれども、同時に、あなたがたは、「自分たちの教えは、地球レベルで人々の面倒《めんどう》を見ようとする教え、思想である」ということを打ち出しているわけだね。

これは、新しい打ち出し方であり、イエスも言わなかったし、マホメットも言わなかったし、仏陀《ぶっだ》も言わなかったことだな。「それよりも上だ」と言っているんだろう？　だから、人々は、それを、そう簡単には認めないかもしれないけれども、少なくとも、信者である、あるいは職員である、あなたがたが、それを信じないようであってはいけないわけだね。

あなたがたは、皇室を迫害《はくがい》する気持ちなど、もとより、まったく持っていないし、日本の国益を十分に考えているし、「外国の侵略《しんりゃく》等から日本を護《まも》る」ということも十分に考えている。そして、日本を、もう少し誇りのある国にしたいと思っている。

日本の宗教というか、土着のオリジナル宗教については、それはそれで、ある程度、認めるけれども、日本を誇りある国にするためには、「日本から、日本発の世界宗教なり地球宗教なりが出る」ということ自体は、別に、国粋《こくすい》主義的な立場から見ても、右翼的立場から見ても、左翼的立場から見ても、そして、日本国民の立場から見ても、やはり、実に尊いことであろうと私は思う。

今、中国対日本の覇権《はけん》競争が始まろうとしている

まあ、わしは大した協力はできないけどね（舌打ち）。

ただ、君らに、「軍部を指揮して、戦争をしろ」と、けしかけるわけでは決してないけれども、「今、日本は、もう、世界のトップレベルの国まで来ているんだから、世界のトップレベルの国なら、当然、考えるべきぐらいのことは、考えなさい」と言いたい。

だから、「韓国《かんこく》や中国や北朝鮮《きたちょうせん》、パキスタンやインド、イランやイスラエル、そのような国が考える程度のことは、きちんと考えなさい」と、そして、「アメリカ

のお墨付《すみつき》が要《い》るのなら、堂々と対等に交渉《こうしょう》して、アメリカに、言うべきことは言いなさい」ということだね。

アメリカにも、言うべきことは言うべきだけど、中国に対してだって、やはり、言うべきことを、きちんと言いなさい。

日本の領海を侵《おか》され、海上保安庁の船が向こうの漁船にぶつけられ、日本の大使が夜中に呼び出されて、それでも、「遺憾《いかん》である」ということぐらいしか言えないような人が、国家のトップであるというのは、情けないことだよ。

やはり、もっと堂々と、「盗人猛々《ぬすっとたけだけ》しい」ということを、ピシッと言わないといかんね。そして、「こういうことが続くようであれば、日本にも考えがある」ということを言うべきだ。向こうが、こちらを試《ため》していることは、明らかなんだからさ。こちらが、どの程度、軟弱《なんじゃく》かを、見ているだけなんだから。

日本が、「国際的なリーダーを目指す方向に向かっていく」という姿勢をはっきりさせたら、それなりの扱《あつか》いはされるようになると思う。

向こうにとってみれば、日本は怖《こわ》いと思うよ。技術的には上なんだから、本気になったら、すごいよ。自分で自分の手足を縛《しば》っているだけだからね。まあ、そういうことだと思うな。

「先の戦争で負けた」ということを、六十五年間、あまりにも言い続けたために、誰《だれ》もが卑屈《ひくつ》になっているけれども、先の戦争は必ずしも負けた戦争ではないんだよ。軍事的リーダーが枯渇《こかつ》していたな。明治時代の軍事的リーダーのような、立派な人がきちんといたら、勝てていた戦いが幾《いく》つか（舌打ち）あるので、おそらく、あれほど無様《ぶざま》な負け方はしていないね。

だから、「ちょっと残念だった」と言うべきかな。

能力主義人事をきちんとやっていれば、もう少し勝てて、欧米《おうべい》を全部、駆逐《くちく》できたんだ。欧州は全部、駆逐できたんだからね。あとはアメリカだけだったけど、向こうは、わざわざ太平洋を渡《わた》ってきていたんだから、ほんとは弱かったんだ。あちらのほうが弱かったのに日本が負けたのは、明らかに、軍人、作戦参謀《さんぼう》たちの能力が低かったことを意味している。

自分の〝庭〟で負けたんだからね。こんなのは、おかしいんだよ。あってはならないことだ。これは、「知力戦として敗れた」と言うべきですね。

でも、その結果、アメリカは大きなツケを払《はら》わされた。アメリカは、中国とソ連を巨大化《きょだいか》させてしまい、戦後、何十年にもわたって無駄《むだ》な国費を使い、財政赤字をつくった。やがて国力の衰退《すいたい》を迎《むか》えようとしているわけだ。因果は巡《めぐ》り、応報が来ている。

だから、アメリカが没落《ぼつらく》するけれども、それに代わるものは出てくるであろう。今、中国対日本の覇権《はけん》戦争というか、覇権競争が始まろうとしている。

ただ、「今の中国の体制は、決して、世界標準になるべき体制ではない」ということについては、自信を持って判断すべきだね。「中国の体制がとられるぐらいだったら、やはり、日本のシステムがとられるべきだ」ということに対して、自信を持つべきだよな。

司会　本日は、本当にありがとうございました。

北一輝　地獄霊《じごくれい》でなくて残念だったなあ。

司会　いえ、とんでもないです（笑）。

北一輝　地獄霊だと思って、来とったんだろうが。ハハハハ。残念だったな。もうちょっと偉《えら》かったんだよ。すまんかったな。

司会　ありがとうございました。

大川隆法　はい。ご立派で、説教《せっきょう》をしていただきました。
（立木に）立ち枯《が》れないで頑張《がんば》ってください（笑）。

あとがき

本当に偉大な軍人は、総合的に完成された教養人でもある。私は秋山真之に諸葛《しょかつ》孔明《こうめい》的なものを感じるし、乃木将軍に教養にあふれた人格者の姿を見る。また正体の知れない感じのする北一輝でさえ、ある種の天才の輝きを感じている。

この国に、すえながき繁栄の未来があることを、願わざるをえない。

二〇一〇年　十月十五日

幸福実現党創立者兼党名誉総裁《こうふくじつげんとうそうりつしゃけんとうめいよそうさい》　大川隆法《おおかわりゅうほう》

『秋山真之の日本防衛論』大川隆法著作関連書籍

『新・日本国憲法 試案』(幸福の科学出版刊)
『保守の正義とは何か』(同右)
『人類に未来はあるのか』(同右)
『宗教決断の時代』(同右)
『宗教イノベーションの時代』(同右)
『太陽の法』(同右)

秋山真之《あきやまさねゆき》の日本防衛論《にほんぼうえいろん》

——同時収録　乃木希典・北一輝の霊言——

2010年10月29日　初版第１刷

著　者　　大《おお》　川《かわ》　隆《りゅう》　法《ほう》

発　行　　幸福実現党
〒104-0061　東京都中央区銀座２丁目２番19号
TEL(03)3535-3777

発　売　　幸福の科学出版株式会社
〒142-0041　東京都品川区戸越１丁目６番７号
TEL(03)6384-3777
http://www.irhpress.co.jp/

印刷・製本　株式会社 堀内印刷所

落丁・乱丁本はおとりかえいたします

ISBN978-4-86395-084-9 C0031
Photo: 近現代 PL/アフロ，アフロ
Illustration: 水谷嘉孝

幸福実現党

世界の潮流はこうなる

激震！ 中国の野望と民主党の最期

大川隆法　著

オバマの下で衰退していくアメリカ。帝国主義に取り憑かれた中国。世界の勢力図が変化する今、日本が生き残る道は、ただ一つ。孔子とキッシンジャー守護霊による緊急霊言。

第１章　孔子の霊言――政治編
第２章　キッシンジャー博士の守護霊予言

1,300円

小沢一郎の本心に迫る

守護霊リーディング

大川隆法　著

政界が、マスコミが、全国民が知りたかった、剛腕政治家の本心がここに。経済対策、外交問題、そして、政界再編構想までを語った、衝撃の１０９分。

- 中国に対する考え方
- 二大政党制の真の狙い
- 「壊し屋」と言われる本当の理由
- 政界再編の見通しについて　など

1,400円

発行　幸福実現党
発売　幸福の科学出版株式会社

※表示価格は本体価格（税別）です。

保守の正義とは何か

公開霊言　天御中主神《あめのみなかぬしのかみ》・昭和天皇・東郷平八郎

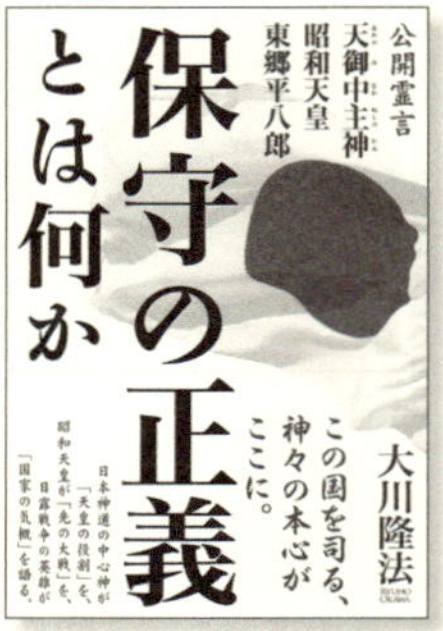

日本神道の中心神が「天皇の役割」を、昭和天皇が「先の大戦」を、日露戦争の英雄が「国家の気概」を語る。

1,200円

最大幸福社会の実現

天照大神《あまてらすおおみかみ》の緊急神示

三千年の長きにわたり、日本を護り続けた天照大神が、国家存亡の危機を招く菅政権に退陣を迫る！日本国民必読の書。

1,000円

日本を救う陰陽師パワー

公開霊言　安倍晴明《あべのせいめい》・賀茂光栄《かものみつよし》

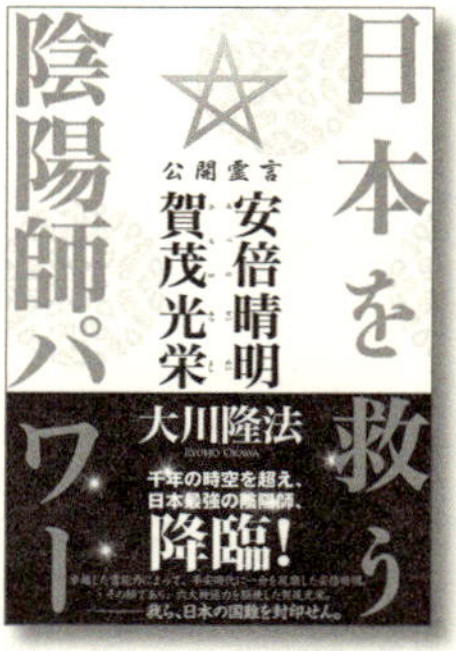

平安時代、この国を護った最強の陰陽師、安倍晴明と賀茂光栄が現代に降臨！あなたに奇蹟の力を呼び起こす。

1,200円

※表示価格は本体価格（税別）です。

大川隆法ベストセラーズ・混迷を打ち破る「未来ビジョン」

幸福実現党宣言

この国の未来をデザインする

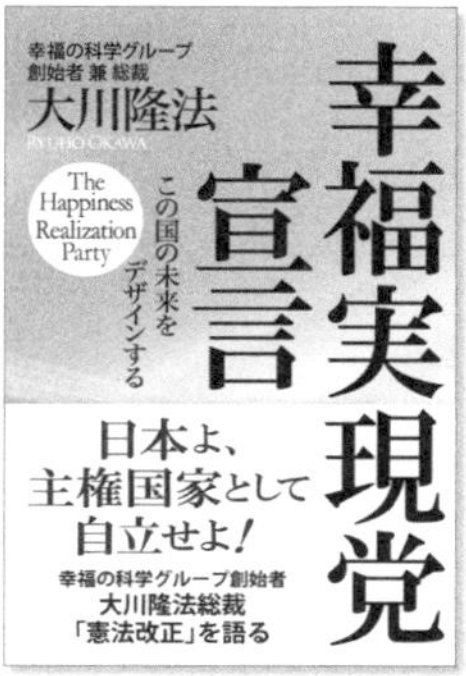

政治と宗教の真なる関係、「日本国憲法」を改正すべき理由など、日本が世界を牽引するために必要な、国家運営のあるべき姿を指し示す。

1,600円

政治の理想について

幸福実現党宣言②

幸福実現党の立党理念、政治の最高の理想、三億人国家構想、交通革命への提言など、この国と世界の未来を語る。

1,800円

政治に勇気を

幸福実現党宣言③

霊査によって明かされる「金正日の野望」とは？ 気概のない政治家に活を入れる一書。孔明の霊言も収録。

1,600円

新・日本国憲法試案

幸福実現党宣言④

大統領制の導入、防衛軍の創設、公務員への能力制導入など、日本の未来を切り開く「新しい憲法」を提示する。

1,200円

夢のある国へ——幸福維新

幸福実現党宣言⑤

日本をもう一度、高度成長に導く政策、アジアに平和と繁栄をもたらす指針など、希望の未来への道筋を示す。

1,600円

幸福の科学出版株式会社

大川隆法ベストセラーズ・新しい国づくりのために

未来への国家戦略

この国に自由と繁栄を

国家経営を知らない市民運動家・菅直人氏の限界を鋭く指摘する。民主党政権による国家社会主義化を押しとどめ、自由からの繁栄の道を切り拓く。

1,400円

大川隆法　政治提言集

日本を自由の大国へ

現在の国難とその対処法は、すでに説いている──。2008年以降の政治提言を分かりやすくまとめた書。社会主義化する日本を救う幸福実現党・政策の真髄が、ここに。

1,000円

危機に立つ日本

国難打破から未来創造へ

2009年の「政権交代」が及ぼす国難の正体と、民主党政権の根本にある思想的な誤りを克明に描き出す。未来のための警鐘を鳴らし、希望への道筋を掲げた一書。

1,400円

幸福の科学出版株式会社

※表示価格は本体価格(税別)です。